***ACCESO GRATIS** a la Lectura en la Nube*

Para visualizar el libro electrónico en la nube de lectura envíe junto a su nombre y apellidos una fotografía del código de barras situado en la contraportada del libro y otra del ticket de compra a la dirección:

ebooktirant@tirant.com

En un máximo de 72 horas laborales le enviaremos el código de acceso con sus instrucciones.

ENSAYOS JURÍDICOS DE LA FRONTERA SUR

ENSAYOS JURÍDICOS DE LA FRONTERA SUR

Coordinadores

MANUEL GUSTAVO OCAMPO MUÑOA

MARÍA JOSÉ OSEGUERA NARVÁEZ

tirant lo blanch

Ciudad de México, 2024

© TIRANT LO BLANCH
DISTRIBUYE: TIRANT LO BLANCH MÉXICO
Av. Tamaulipas 150, Oficina 502
Hipódromo, Cuauhtémoc
06100 Ciudad de México
Telf.: +52 1 55 65502317
infomex@tirant.com
www.tirant.com/mex/
www.tirant.es
ISBN: 978-84-1071-409-0
MAQUETA: Innovatext

Si tiene alguna queja o sugerencia, envíenos un mail a: *atencioncliente@tirant.com*. En caso de no ser atendida su sugerencia, por favor, lea en *www.tirant.net/index.php/empresa/politicas-de-empresa* nuestro procedimiento de quejas.

Responsabilidad Social Corporativa: http://www.tirant.net/Docs/RSCTirant.pdf

Jimena Alcántara Navarrete

Arturo Alegría de la Rosa

Julio César Alfaro Ruiz

Gilberto Alvarado Palacios

Mónica Catalina Cisneros Ramos

Adriana Sarahi Jiménez López

Manuel Gustavo Ocampo Muñoa

José Eduardo Pérez Román

Neyfi Pérez Trujillo

Juan Pablo Ramírez Peña

Verónica Montserrat Roque López

Índice

LOS USOS Y COSTUMBRES COMO SISTEMA ELECTORAL DE LOS PUEBLOS INDÍGENAS

Julio César Alfaro Ruiz

EL ACCESO A LA VIVIENDA A PARTIR DEL TRABAJO Y EL SALARIO EN MEXICO ENTRE EL 2010 Y 2022

Arturo Alegría de la Rosa

RETOS Y ALCANCES DEL DESCONOCIMIENTO DE LA PATERNIDAD EN CHIAPAS Y SUS IMPLICACIONES CONFORME AL NUEVO CÓDIGO NACIONAL DE PROCEDIMIENTOS CIVILES Y FAMILIARES

José Eduardo Pérez Román

EVOLUCIÓN DE LA PREVENCIÓN Y COMBATE DEL DELITO DE LAVADO DE DINERO

Jimena Alcántara Navarrete

Prólogo

La diversidad cultural que se advierte al sur de México, en lo particular en el Estado de Chiapas propicia la pluralidad de expresiones y reflexiones desde la visión jurídica. Desde la Universidad Pública, esto es una exigencia para quienes ejercen la docencia y practican la investigación científica.

Es, por medio de programas de posgrado vinculados a la realidad jurídica que puede impulsarse ese espíritu crítico en quienes tienen la intención de cambiar su vida y transformar la sociedad. En ese sentido se han construído los programas de posgrado en la Universidad Autónoma de Chiapas relacionado con el mundo del derecho. Con ellos se ha desarrollo en los últimos diez años la investigación jurídica en el sur de México.

Pensando en la necesidad de incrementar los Institutos de Investigaciones Jurídicas y el número de investigadoras e investigadores en la materia, se hacía preciso reunir a los estudiantes de los mencionados programas para generar reflexiones e intercambios de ideas respectos de diferentes temas que pudieran crear una especie de agenda jurídica, es así que se decidió compilar, bajo el formato de ensayo, la mirada de quienes estudian cientificamente el fenómeno jurídico en la sociedad Chiapaneca del siglo XXI.

Cabe señalar que ésta obra es, a la vez, un homenaje al 50 aniversario de la fundación de la Universidad Autónoma de Chiapas, institución de Educación Superior pública y autónoma, socialmente responsable y con vocación de servicio; que forma de manera integral a profesionales competentes, críticos, éticos, con conciencia ciudadana y ambiental. La Universidad durante medio siglo ha generado, divulgado y aplicado el conocimiento científico, tecnológico y humanístico; difundido la cultura y el arte, vinculada con la sociedad en entornos locales, nacionales e internacionales; para contribuir al desarrollo sustentable, al bienestar social, la cultura de paz, la democracia, la equidad y los derechos humanos.

En los ensayos que se presentan es posible apreciar la promoción de la autoconciencia, autodeterminación, independencia, dentro del marco de la legalidad y el actuar libre en pensamiento, respetando los derechos de terceros y en especial la dignidad de las personas. Son también muestra del humanismo que se promueve en la Universidad que incide en el desarrollo del Estado y de la Nación, en la región sur-sureste y Centroamérica, a través del proceso enseñanza y aprendizaje de la educación superior, investigación, construcción, extensión y sociabilización del conocimiento y la cultura.

De igual manera, esta obra rinde un tributo al doce aniversario del Instituto de Investigaciones Jurídicas, que se encarga de la enseñanza, investigación y divulgación del concimiento jurídico, formando investigadores a través de programas de posgrado y profesioniales del derecho a través de la licenciatura, mediante la investigación del fenómeno jurídico y el estudio reflexivo de las normas jurídicas con una perspectiva multidisciplinar, particularmente en la sociedad chiapaneca sin distingo, sin descuidar a la sociedad nacional e internacional.

Sin duda alguna, es indispensable revisar de manera crítica los diferentes trabajos que aquí se incluyen pues forman parte del contexto jurídico Chiapaneco pero también impactan en el ámbito nacional e internacional.

Dr. Manuel Gustavo Ocampo Muñoa
Director Encargado del Instituto de Investigaciones Jurídicas de la Universidad Autónoma de Chiapas

Junio de 2024

La judicializacion de los sistemas normativos internos en México

Adriana Sarahi Jiménez López[1]

RESUMEN: El presente trabajo tiene la finalidad de demostrar los retos que tienen que afrontar las comunidades y pueblos indígenas que buscan regirse por los sistemas normativos internos, pertenecientes a los estados de Michoacán, Morelos, Guerrero y Chiapas. Para ello, se realiza un estudio que se ubica en el paradigma sistémico de la complejidad, utilizando el método mixto, misma que en su mayoría se basa en el aspecto cualitativo. Primeramente, presenta una introducción sobre el contexto en el que se presentó el referido tema de investigación en el primer conservatorio de posgrados; posteriormente, se expone la metodología de este trabajo; consecuentemente, el desarrollo, que se precisa desde la parte doctrinal del pluralismo y su conceptualización, se aborda brevemente la evolución de los derechos de los pueblos y comunidades indígenas en el marco internacional y nacional, hasta la exposición resumidamente de la judicialización de los sistemas normativos indígenas en los estados previamente señalados.

Palabras claves: judicialización, derecho a la libre determinación, comunidades indígenas.

INTRODUCCIÓN

Derivado del primer conservatorio de posgrados organizado por el Instituto de Investigaciones Jurídicas y la Facultad de Derecho de la Universidad Autónoma de Chiapas los días 23 y 24 de febrero de 2024, en las instalaciones de la referida Facultad en la ciu-

---

1 Originaria de Tuxtla Gutiérrez Chiapas, cuenta con una licenciatura en Derecho por la Universidad de las Américas Puebla, así como dos Maestrías, la primera en Derecho Empresarial impartida por dicha institución; mientras que la segunda en Derecho Electoral y Procesal Electoral por la Benemérita Universidad de Oaxaca. Actualmente es Doctorante en el Instituto de Investigaciones Jurídicas de la UNACH.

dad de San Cristóbal de las Casas, Chiapas, tuve la oportunidad de participar en la mesa III, denominada Derechos Humanos y de los Pueblos Indígenas, con el tema la judicialización de los sistemas normativos internos en México.

En dicha participación, se presentó los hallazgos más significativos que hasta el momento he desarrollado dentro de mi proyecto de investigación, empezando desde mi objetivo general, hipótesis, así como una breve descripción respecto a lo investigado, para finalizar con una conclusión.

METODOLOGÍA

La investigación que se está desarrollando, se ubica en el paradigma sistémico de la complejidad y se utiliza el método mixto, misma que en su mayoría se basará en el aspecto cualitativo. Para ello se está utilizando las técnicas de investigación, siguientes:

- Análisis documental de contenidos
- Estudio del caso
- Estudio causal comparativo.
- Análisis del contexto
- Entrevistas estructuradas
- Análisis estadístico descriptivo.

DESARROLLO

Primeramente, se empezó abordar el tema muy general, partiendo desde el origen del pluralismo jurídico, retomando a varios autores, entre ellos, Wolkmer[2], quien señala que en la obra de

[2] Wolkmer, Antonio, *Pluralismo Jurídico Fundamentos de una nueva cultura del Derecho,* 2da. ed., trad. de David Sánchez Rubio, España, DYKINSON, S.L, 2018, pp.151-152.

Eugen Ehrlich, se precisa que el pluralismo ha estado presente desde la colonización de los romanos, ya que dicho imperio fue respetuoso de las diversas culturas que habían en el territorio, evitando así que se vulneraran, tal y como en la actualidad se ha realizado al hacer efectivo el derecho a la libre determinación. Es decir, hoy por hoy se busca, en teoría preservar y proteger la pluriculturalidad de los diversos grupos originarios existentes.

Por otro lado, se presentó la conceptualización del pluralismo jurídico, entre ellos, la definición del pluralismo por parte de la Real Academia Española[3], quien señala que es un sistema por el cual se acepta o se reconoce la pluralidad ya sea de doctrinas o posiciones, y por lo que hace a jurídico[4] lo engloba a aquello que atañe del derecho o se ajusta a él; es decir, uniendo dichas palabras se puede afirmar, que el pluralismo jurídico, es aquel sistema jurídico que acepta o reconoce la pluralidad de posiciones; es así, que se concluye que es la diversidad de supuestos que existen los cuales deben ser considerados en el marco normativo.

Posteriormente, se procedió a exponer sobre los antecedentes internacionales y nacionales de los sistemas normativos internos; ante ello, Castrillón[5], establece que hay tres escenarios jurídicos internacionales que permiten evidenciar el replanteamiento del sistema internacional de los Derechos Humanos frente a los pueblos indígenas; los cuales son:

---

3 Real Academia de la Lengua Española, Diccionario de la Lengua Española, Tricentenario edición, RAE, Madrid, 2022, https://dle.rae.es/pluralismo?m=form

4 Real Academia de la Lengua Española, Diccionario de la Lengua Española, Tricentenario edición, RAE, Madrid, 2022, https://dle.rae.es/jur%C3%ADdico?m=form

5 Catrillón, Juan, "La dialéctica nacional e internacional en el reconocimiento del pluralismo jurídico: El caso Colombia frente a los pueblos indígenas", *Análisis Interdisciplinario de la Declaración Americana de los Derechos de los Pueblos Indígenas. X Jornadas Lascasianas, México,* UNAM, Instituto de Investigaciones Jurídicas, 2001, p.7.

1. La Declaración Universal de los Derechos Humanos y los Convenios complementarios sobre Derechos Civiles y Políticos, Económicos, Sociales y Culturales.
2. Diversos instrumentos generados durante la actividad de la Organización de las Naciones Unidas; a este punto le agregaría los esfuerzos de la Organización de los Estados Americanos, como lo son la Declaración de las Naciones Unidas sobre los Derechos de los Pueblos Indígenas y la Declaración Americana de los Pueblos Indígenas, respectivamente.
3. El proceso de replanteamiento de los derechos indígenas de la Organización Internacional del Trabajo; en este último resaltan los Convenios 107 y 169, siendo este último el vigente y el fundamental en los derechos de los pueblos y comunidades indígenas.

Por lo que hace a México se tiene pues que, el principal antecedente fue cuando el estado mexicano ratificó en 1990, el Convenio 169 de la Organización Internacional del Trabajo. Como consecuencia de ello, en 1992, se hizo la primera mención constitucional en el artículo cuarto, de los derechos de los pueblos indígenas, bajo un régimen diferenciado.

Posteriormente un hito fue el enfrentamiento del Ejército Zapatista de Liberación Nacional en contra del Estado Mexicano en 1994. Consecuencia de ello, se generaron los diálogos y negociaciones en febrero de 1996, entre el citado Ejercito Zapatista y el gobierno federal, teniendo como consecuencia la firma de una serie de compromisos en la comunidad indígena de San Andrés Larráinzar, Chiapas, conocidos como los Acuerdos sobre Derechos y Cultura Indígena o Acuerdos de San Andrés[6].

---

[6] Sámano, Miguel. et al., "Los Acuerdos de San Andrés Larráinzar en el Contexto de la Declaración de los Derechos de los Pueblos Americanos", *Análisis Interdisciplinario de la Declaración Americana de los Derechos de*

Seguidamente, en 2001, se reformaron los artículos 1.°, 2.°, 4.°, 18.° y 115.°, de la Constitución Federal, en materia indígena en la que se establecieron los principios constitucionales de reconocimiento y protección a la cultura, así como los derechos de los indígenas, sus comunidades y sus pueblos. Finalmente se aterrizó, con exponer casos de cuatro estados que han tenido que recurrir ante la instancia jurisdiccional para hacer efectivo el derecho a la libre determinación.

Primeramente, con el caso Cherán en Michoacán con la emisión de la sentencia en el expediente SUP-JDC-0167/2011, representó un avance en la protección del derecho a la libre determinación, al permitir que en ese municipio se rigieran por sus sistemas normativos internos. Sin embargo, no solo basta con que se haga efectivo ese derecho, si no que se tiene que reconocer en todas sus facetas, ejemplo de ello, fue el caso de la comunidad de San Francisco Pitchátaro, perteneciente al Municipio de Tingambato, en el expediente SUP-JDC-1865/2015 en el que por primera vez se solicitó la declaratoria de certeza de derechos de libre determinación y autonomía con el fin de velar por su desarrollo a través de la asignación y administración directa de sus recursos, siendo positiva la sentencia y marcando un precedente para que otras comunidades lo hicieran valer ante tribunales electorales.

Consecuentemente, se habló de Morelos, entidad donde actualmente son tres municipios indígenas y que además se rigen por sus sistemas normativos; no obstante, a pesar de haber sido de nueva creación por la emisión de sus respectivos Decretos por parte del Poder Legislativo Local; lo cierto es, que no se hizo efectivo el derecho en su totalidad, prueba de ello fue la emisión de la sentencia SCM-JDC-1240/2018 y su acumulado SCM-JDC-1241/2018; en el que se reconoció el derecho de autodeterminación y autogobierno del Municipio de Hueyapan.

---

los Pueblos Indígenas. X Jornadas Lascasianas, México, UNAM, Instituto de Investigaciones Jurídicas, 2001, p.105.

Finalmente, Guerrero y Chiapas se encuentran en los mismos supuestos ambos tienen actualmente un municipio que se rigen por sus sistemas normativos internos que son: Ayutla de los Libres y Oxchuc, respectivamente, los cuales para efectos de alcanzar su pretensión de regirse por sus sistemas normativos indígenas tuvieron que agotar la instancia jurisdiccional, toda vez que las autoridades electorales administrativas fueron omisas a sus solicitudes.

CONCLUSIONES

De tal forma, se evidencia que no basta con que el derecho a la libre determinación esté regulado, ya que los pueblos y comunidades indígenas tienen que agotar la instancia administrativa para efectos de hacerlo efectivo, lo que simboliza que se obstaculizar la pretensión de regirse por sus sistemas normativos internos, provocando así un desgaste en todos los sentidos tanto económico como social y político.

De tal forma, que al fallarle las autoridades administrativas y legislativas tanto locales como nacionales, las autoridades jurisdiccionales juegan un papel fundamental, ya que realizan el trabajo que en teoría las otras autoridades han sido omisas. Prueba de ello, es que el avance y evolución de este derecho es a partir del año 2011 con el caso Cherán.

Referencias

Libros y artículos

ARNAUD, André-Jean y Fariñas Dulce, María José, Sistemas jurídicos: elementos para un análisis sociológico, Madrid, Universidad Carlos III de Madrid, 2006.

BERMEJO, R, El derecho de autodeterminación de los Pueblos a la Luz del Derecho Internacional, Universidad de León, 2007.

BOBBIO, Norberto, El tiempo de los derechos, Madrid, ed. Sistema,1991.

BURGUETE, Araceli, "Oxchuc, Chiapas: disputas en la elección por Sistemas Normativos Indígenas 2021, desafíos para la autonomía", Algarrobo-MEL, Argentina, vol. 19, marzo 2021-marzo 2022, https://revistas.uncu.edu.ar/ojs/index.php/mel/article/view/5821/4685.

BUSTILLO, Roselia, Derechos Político y sistemas normativos indígenas, Caso Oaxaca, 1ra ed., México, Tribunal Electoral del Poder Judicial de la Federación, 2016.

CANTILLO, Juan, "Pluralismo jurídico: avances constitucionales actuales", FORO, Revista de Derecho, Ecuador, núm. 26, julio-diciembre 2021, https://revistas.uasb.edu.ec/index.php/foro/article/view/2823/2585

CATRILLÓN, Juan, "La dialéctica nacional e internacional en el reconocimiento del pluralismo jurídico: El caso Colombia frente a los pueblos indígenas", *Análisis Interdisciplinario de la Declaración Americana de los Derechos de los Pueblos Indígenas. X Jornadas Lascasianas, México,* UNAM, Instituto de Investigaciones Jurídicas, 2001.

SÁMANO, Miguel. et al., "Los Acuerdos de San Andrés Larráinzar en el Contexto de la Declaración de los Derechos de los Pueblos Americanos", *Análisis Interdisciplinario de la Declaración Americana de los Derechos de los Pueblos Indígenas. X Jornadas Lascasianas,* México, UNAM, Instituto de Investigaciones Jurídicas, 2001.

WOLKMER, Antonio, *Pluralismo Jurídico Fundamentos de una nueva cultura del Derecho,* 2da. ed., trad. de David Sánchez Rubio, España, DYKINSON, S.L, 2018, pp.151-152.

Normas

CONSTITUCIÓN Política de los Estados Unidos Mexicanos, 1917, https://www.diputados.gob.mx/LeyesBiblio/pdf/CPEUM.pdf

OFICINA Internacional de la OIT, Convenio 107 de la OIT sobre Poblaciones Indígenas y Tribales, 1957,https://www.ilo.org/dyn/normlex/es/f?p=NORMLEXPUB:12100:0::NO::P12100_ILO_CODE:C107

OFICINA Internacional de la OIT, Convenio Núm.169 de la OIT sobre Pueblos Indígenas y Tribales, Perú, 2014, https://www.ilo.org/wcmsp5/groups/public/—americas/—ro-lima/documents/publication/wcms_345065.pdf

Página web

Real Academia de la Lengua Española, Diccionario de la Lengua Española, Tricentenario edición, RAE, Madrid, 2022, https://dle.rae.es/pluralismo?m=form

Real Academia de la Lengua Española, Diccionario de la Lengua Española, Tricentenario edición, RAE, Madrid, 2022, https://dle.rae.es/jur%C3%ADdico?m=form

Resoluciones

ACUERDO de la Sala Superior del Tribunal Electoral del Poder Judicial de la Federación, 4 de abril de 2017, https://www.te.gob.mx/EE/SUP/2017/JDC/110/SUP_2017_JDC_110-641401.pdf

JURISPRUDENCIA 20/2014, Gaceta de Jurisprudencia y Tesis en materia electoral, Tribunal Electoral del Poder Judicial de la Federación, Quinta Época, Año 7, Núm. 15, 2014, pp.28 y 29, https://www.te.gob.mx/ius2021/#/

NUEVA Sentencia del Tribunal Electoral del Estado de Chiapas, TEECH/JDC/013/2018 y su acumulado, 4 de junio de 2018, https://teechiapas.gob.mx/sentencias/TEECH-JDC-013-2018-NS.pdf

SENTENCIA del Tribunal Electoral de Morelos, TEECH/JDC/433/2018-2, de catorce de enero de 2019, https://www.teem.gob.mx/resoluciones/2019/JDC-433-2018-2.pdf

SENTENCIA de la Sala Regional Ciudad de México del Tribunal Electoral del Poder Judicial de la Federación, SCM-JDC-1240/2018 y su acumulado SCM-JDC-1241/2018, de 13 de diciembre de 2018, https://www.te.gob.mx/EE/SCM/2018/JDC/1240/SCM_2018_JDC_1240-832604.pdf

SENTENCIA de la Sala Regional Ciudad de México del Tribunal Electoral del Poder Judicial de la Federación, SCM-JDC-1240/2018 y su acumulado SCM-JDC-1241/2018, 13 de diciembre de 2018.

SENTENCIA de la Sala Regional Distrito Federal del Tribunal Electoral del Poder Judicial de la Federación, SDF-JDC-545/2015, de 25 de junio de 2015, https://www.te.gob.mx/salasreg/ejecutoria/sentencias/df/SDF-JDC-0545-2015.pdf

SENTENCIA de la Sala Superior del Tribunal Electoral del Poder Judicial de la Federación SUP-JDC-9167/2011, de 2 de noviembre de 2011, https://www.te.gob.mx/sentenciasHTML/convertir/expediente/SUP-JDC-09167-2011

SENTENCIA de la Sala Superior del Tribunal Electoral del Poder Judicial de la Federación, SUP-JDC-3131/2012, de 14 de noviembre de 2012, https://www.te.gob.mx/media/SentenciasN/pdf/Superior/SUP-JDC-3131-2012.pdf

SENTENCIA de Sala Regional Distrito Federal del Tribunal Electoral del Poder Judicial de la Federación, SDF-JDC-545/2015, 25 de junio de

2015, https://www.te.gob.mx/salasreg/ejecutoria/sentencias/df/SDF-JDC-0545-2015.pdf

SENTENCIA del Tribunal Electoral del Estado de Chiapas, TEECH/JDC/013/2018 y su acumulado, 7 de abril de 2018, https://teechiapas.gob.mx/sentencias/TEECH-JDC-013-2018.pdf

SENTENCIA del Tribunal Electoral de Morelos, TEECH/JDC/433/2018-2, de 14 de enero de 2019, https://www.teem.gob.mx/resoluciones/2019/JDC-433-2018-2.pdf

SENTENCIA del Tribunal Electoral del Poder Judicial de la Federación, SUP-JDC-1865/2015, 18 de mayo de 2016, https://www.te.gob.mx/Informacion_juridiccional/sesion_publica/ejecutoria/sentencias/SUP-JDC-1865-2015.pdf

SENTENCIA del Tribunal Electoral del Poder Judicial de la Federación, SUP-JDC-9167/2011, 2 de noviembre de 2011.

TESIS XXVII/2015, Gaceta de Jurisprudencia y Tesis en materia electoral, Tribunal Electoral del Poder Judicial de la Federación, Año 8, Núm. 16, 2015, pp. 64 y 65, https://www.te.gob.mx/IUSEapp/tesisjur.aspx?idTesis=XXVII/2015

Interés superior de la niñez como enfoque multidimensional en las infancias migrantes

Verónica Montserrat Roque López[1]

RESUMEN: La migración es un fenómeno social que ha tenido un alto impacto en la actualidad tanto a nivel internacional como Nacional, México ha dejado de ser considerado sólo como un país de origen para convertirse también en uno de tránsito y destino de personas migrantes de diferentes partes del mundo, especialmente de Centroamérica; dentro de las caravanas migrantes que recibe nuestro país en los últimos años se han visibilizado distintos grupos en situación de vulnerabilidad, entre ellos el que será el objeto de estudio que son los niños, niñas y adolescentes. El presente trabajo se enfocará en las causas y efectos que genera la movilidad de NNyA en la frontera sur y su paso a México desde el Estado de Chiapas, así como la protección de los derechos y aplicación del interés superior de la niñez por parte del Estado Mexicano.

Palabras claves: Derechos, migración, niño, protección, vulnerabilidad.

INTRODUCCIÓN

La migración no es un tema de reciente origen, puesto que existen distintos antecedentes acerca de la movilidad humana en el mundo, sin embargo, México ha tenido importantes cambios como país en su papel dentro la migración internacional y es lo que se pretende abordar en el presente trabajo. La movilidad humana es un hecho natural en la vida del ser humano independientemente de las razones que influyan a este acto, con el paso del tiempo, la

---

1 Licenciada en Derecho por la Universidad Autónoma de Chiapas y Maestrante en Derecho del Instituto de Investigaciones Jurídicas de la UNACH.

evolución social y el tema de derechos humanos la migración se ha convertido en un tema con una necesidad amplia de estudio y atención adecuada que debe ser vista de distintas ramas.

Anteriormente México sólo era considerado como un país de origen de personas migrantes hacia los Estados Unidos de América por el llamado "sueño americano"; se estimaba que la migración de mexicanos hacia los Estados Unidos tenía repercusiones socioeconómicas, políticas y culturales en ambos lados de la frontera. Este patrón tradicional se ha caracterizado desde sus orígenes como un proceso de naturaleza primordialmente laboral, fundamentalmente de población rural masculina, aunque actualmente la presencia de niños y mujeres se ha visto dentro de la migración.[2]

En la última década el Estado Mexico tuvo una amplitud en su panorama sobre la migración, con este cambio importante de ser ahora un país de tránsito y destino, la postura del país tomó otra dirección ya que había que realizar cambios en la política migratoria como respuesta a este cambio, con una consideración a los grupos en situación de vulnerabilidad como lo son mujeres, personas de la tercera edad, de la comunidad LGBTQ+, con discapacidad y niños, niñas y adolescentes (NNyA); los cuales necesitan una atención y protección especializada para satisfacer sus necesidades así como garantizar el goce de sus derechos humanos y específicos.

METODOLOGÍA

El presente trabajo se realizó bajo el método mixto preponderadamente cualitativo.

---

2 Figueroa Esther y Pérez Francisco, "El proceso de asentamiento de la migración México-Estados Unidos", *Pap. Poblac*, vol.17 no.68 Toluca abril-junio. 2011. Disponible en: https://www.scielo.org.mx/scielo.php?script=sci_arttext&pid=S1405-74252011000200008

Las técnicas empleadas para obtener la información fueron las siguientes:

- Revisión documental.
- Análisis legislativo.
- Análisis del contexto.

DESARROLLO

Con el fin de dar un contexto actual de la situación migratoria en México es importante conocer que nuestro país es considerado como un país de destino, tránsito y retorno de población migrante, principalmente procedente de países que componen al Triángulo Norte de Centroamérica (El Salvador, Guatemala y Honduras). Desde finales de 2018, con la presencia de las caravanas migrantes ocurrió un aumento del flujo migratorio en las fronteras norte y sur del país, alcanzando cifras que antes no se podían imaginar. Aún con la pandemia de la COVID-19 y las restricciones de movimiento, en 2020, la migración no se detuvo.[3]

Para entender este fenómeno social se debe conceptualizarlo, para ello, la Organización Internacional para las Migraciones (OIM) define a la migración como el "Movimiento de personas fuera de su lugar de residencia habitual, ya sea a través de una frontera internacional o dentro de un país". [4]

En el año 2011 México tuvo una importante reforma en materia de Derechos Humanos, que originó un cambio de paradigma

---

3 Informe anual 2020 *Cada niña, niño y adolescente en situación de migración está protegido* UNICEF México Disponible en: https://www.unicef.org/mexico/cada-niña-niño-y-adolescente-en-situación-de-migración estáprotegido#:~:text=En%202020%2C%2011%2C514%20niñas%2C%20niños,Estados%20Unidos%20a%20México1

4 Organización Internacional para las Migraciones, Glosario de la OIM sobre Migración, 2019. Disponible en: https://publications.iom.int/system/files/pdf/iml-34-glossary-es.pdf

en el sistema de justicia, la Ley de Migración también resultó influenciada por esta nueva visión; se planteó el inicio de una nueva visión en la política migratoria mexicana. En ese momento, las expectativas fueron altas y en los foros nacionales e internacionales, se presumía el papel del Estado mexicano como un país garante de los derechos humanos de las personas migrantes, ya que, en el discurso, no se distinguía su situación migratoria para el reconocimiento y ejercicio de sus derechos humanos.[5]

En el contexto migratorio anteriormente quienes migraban eran los llamados "jefes de familia" los cuales en su mayoría eran hombres, sin embargo, en los últimos años se ha visto la presencia de mujeres, niños, niñas y adolescentes en las caravanas migrantes, estos últimos a su vez se dividiéndose en acompañados y no acompañados.

Resulta fundamental en este punto, reforzar los conceptos anteriores, para ello la OIM define por niños y niñas migrantes acompañados a quienes durante el tránsito migratorio cuenta con una persona que cuide ellas y ellos de forma continua, ya sean padres, madres, tutores o algún familiar; por otra parte a quienes se les denomina como no acompañados se refiere a que se encuentran separados de ambos padres, familiares y no estén al cuidado de un adulto al que por ley o costumbre incumbe esta responsabilidad.

La presencia de la infancia y adolescencia migrante en nuestro país, de acuerdo a los datos de Red por los Derechos de la Infancia en México (REDIM) en los meses de enero a noviembre de 2023 el Estado Mexicano ha registrado 105, 110 migrantes irregulares entre 0 y 17 años (46 % mujeres y 54 % hombres). Esto representa un aumento de 69% con respecto a la cantidad de migraciones de niñas, niños y adolescentes en el mismo periodo de 2022 (61,909

---

5 Sánchez, Jazmín, "Hacía una política migratoria con perspectiva de derechos humanos. Una mirada crítica a los derechos de niñas/os migrantes no acompañados. México", *Alegatos*, 2014, No.86, enero-abril, p.162.

casos en total).Por otra parte en Chiapas, un Estado principal en la frontera sur por el ingreso de personas migrantes, durante el año 2023 la Secretaría de Gobernación registró un total de 54083 NNyA en situación de migración irregular.[6]

En cuanto a la legislación, la convención sobre los derechos del niño, la Ley General de los Derechos del niño y la Ley de Migración en México consideran a los niños, niñas y adolescentes como personas merecedoras de respeto, dignidad y libertad, en ella destacan los principios de interés superior de la niñez, la no discriminación, la supervivencia y el desarrollo así como el ser escuchados en las decisiones que los afecten por lo que los NNyA migrantes deben gozar de la protección, garantías y derechos como cualquier niño del país.

De acuerdo a datos de estudio de la Organización de Internacional para las Migraciones existen distintos factores a nivel macro, meso y micro que propician la migración en niños, niñas y adolescentes; por lo que respecta al nivel macro entendiéndose como estructurales y comunitarios se encuentran los factores económicos, demográficos, políticos, ambientales y sociales; en cuanto al nivel micro entendiéndose como familiares, del hogar e individuales se encuentran los factores personales y familiares; finalmente en el nivel meso se entiende como aquellos factores de obstáculos y facilitadores.

Los niños, niñas y adolescentes que toman la decisión de migrar hacia México y/o Estados Unidos lo hacen por una variedad de razones. Sus decisiones están influenciadas tanto por la difícil situación que viven en el presente como por aspiraciones futuras para tener una mejor calidad de vida. La niñez busca escapar de la violencia, los conflictos armados, los desastres naturales, la pobreza, el abuso en el hogar, la persecución y/o la discriminación. Al

---

6 Unidad de Política Migratoria, Registro e Identidad de Personas, SEGOB, con base en información registrada en las estancias y estaciones migratorias del INM 2023.

mismo tiempo, factores como la reunificación familiar, una mejor educación y mejores oportunidades laborales. [7]

Los riesgos que corren las infancias y adolescencias durante la migración irregular en México, especialmente las no acompañadas son el encontrarse con el crimen organizado con las redes del sicariato y la prostitución, violencia de género, salud mental, racismo, xenofobia, salud física, etc. [8]Una de las zonas más peligrosas de cruce de fronteras en la migración de Centroamérica es el Darién, que es una selva por la cual miles de migrantes cruzan y se exponen desde riesgos como la deshidratación, ataques de animales salvajes, robos, violencia, falta de acceso a recursos, entre otros.

La migración infantil resulta ser un fenómeno de gran alcance y una realidad ante la que hay que actuar, principalmente al ser los NNyA las principales víctimas de conflictos en sus países, pobreza, violencia y desigualdad. Por lo que sensibilizar e informar sobre el tema resulta ser una tarea esencial por parte de los Estados, en la busca de la protección y respeto a las infancias sin importar su origen.

CONCLUSIONES

1. La migración infantil en México y Chiapas se ha visibilizado cada vez más a lo largo de los últimos años, por ende, resulta un tema amplio de estudio.
2. La infancia al ser un grupo en situación de vulnerabilidad debido a sus dos condiciones, la primera ser migrantes y la

---

7 Pérez Pablo, "La migración infantil sin acompañamiento en territorio mexicano: los riesgos, las respuestas oficiales y la Responsabilidad Social frente al fenómeno", *Universidad Anáhuac,* México, No.11, 2021, No.11, enero-junio, p.p. 151-189. Disponible en: https://www.google.com/url?sa=t&rct=j&q=&esrc=s&source=web&cd=&ved=2ahUKEwjv9ZSq-ZqEAxVLJEQIHfsgB-EQFnoECAoQAQ&url=https%3A%2F%2Fhuellasdelamigracion.uaemex.mx%2Farticle%2Fdownload%2F16401%2F12996&usg=AOvVaw0QAZ9KlTjZ_svh6LmvazNk&opi=89978449

8 Ídem

segunda la de niños y niñas, implica un mayor esquema de protección.

3. Los NNyA durante el tránsito migratorio se enfrentan a riesgos que pueden afectar tanto su integridad física como su desarrollo psicosocial, en los que influyen la delincuencia organizada, violencia, discriminación, xenofobia, falta de recursos básicos para su sobrevivencia, dificultad para acceder a servicios de salud y educación.
4. Sin importar su situación migratoria se debe prevalecer el principio de interés superior de la niñez en todos los actos de autoridad, intervenciones, tomas de decisiones y políticas públicas de la materia.
5. Los niños, niñas y adolescentes son personas merecedoras de respeto, dignidad y libertad, en ella destacan los principios de interés superior de la niñez, la no discriminación, la supervivencia y el desarrollo, así como el ser escuchado en las decisiones que los afecten.
6. El Estado Mexicano se encuentra comprometido en la protección de los derechos de la niñez desde la Constitución hasta los tratados internacionales de los que sea parte.
7. El Interés Superior de la Niñez es reconocido como un principio orientador en la toma de decisiones y actuaciones del Estado con el fin de reconocerlos como sujetos de derechos, ser tratados con respeto y tomados en cuenta para buscar su desarrollo integral.
8. La migración infantil es un tema que tiene que ser abordado desde la sensibilización y libre de prejuicios.
9. Las herramientas y publicaciones de organizaciones a nivel internacional promueven a la difusión y protección de los derechos de la niñez en la migración.
10. Aunque se reconoce que el Estado Mexicano ha tenido avances significativos en la protección de los derechos de la niñez, es importante tomar en cuenta que aún quedan

retos por los cuales hay que seguir trabajando a través de una coordinación interinstitucional para la atención y protección de los NNyA migrantes.

Referencias

CONGRESO GENERAL DE LOS ESTADOS UNIDOS MEXICANOS , Ley General De Los Derechos De Niñas,Niños Y Adolescentes, 4 de diciembre de 2014.

CONGRESO GENERAL DE LOS ESTADOS UNIDOS MEXICANOS, Ley de Migración, 25 de mayo del 2011.

FIGUEROA ESTHER Y PÉREZ FRANCISCO, "El proceso de asentamiento de la migración México-Estados Unidos", *Pap. Poblac,* vol.17 no.68 Toluca abril-junio. 2011. Disponible en: https://www.scielo.org.mx/scielo.php?script=sci_arttext&pid=S1405-74252011000200008

ORGANIZACIÓN DE LAS NACIONES UNIDAS, CONVENCIÓN DE LOS DERECHOS DEL NIÑO, 2 de septiembre de 1990.

ORGANIZACIÓN INTERNACIONAL PARA LAS MIGRACIONES, Glosario de la OIM sobre Migración, 2019. Disponible en: https://publications.iom.int/system/files/pdf/iml-34-glossary-es.pdf

PÉREZ PABLO, "La migración infantil sin acompañamiento en territorio mexicano: los riesgos, las respuestas oficiales y la Responsabilidad Social frente al fenómeno", *Universidad Anáhuac,* México, No.11, 2021, No.11, enero-junio, p.p. 151-189. Disponible en: https://www.google.com/url?sa=t&rct=j&q=&esrc=s&source=web&cd=&ved=2ahUKEwjv9ZSq-ZqEAxVLJEQIHfsgB-EQFnoECAoQAQ&url=https%3A%2F%2Fhuellasdelamigracion.uaemex.mx%2Farticle%2Fdownload%2F16401%2F12996&usg=AOvVaw0QAZ9KlTjZ_svh6LmvazNk&opi=89978449

SÁNCHEZ JAZMÍN, "Hacía una política migratoria con perspectiva de derechos humanos. Una mirada crítica a los derechos de niñas/os migrantes no acompañados. México", *Alegatos,* 2014, No.86, enero-abril, p.162.

SEGOB, Unidad de Política Migratoria, Registro e Identidad de Personas, con base en información registrada en las estancias y estaciones migratorias del INM 2023.

UNICEF México, Informe anual 2020 *Cada niña, niño y adolescente en situación de migración está protegido.* Disponible en: https://www.unicef.org/mexico/cada-niña-niño-y-adolescente-en-situación-de-migración estáprotegido#:~:text=En%202020%2C%2011%2C514%20niñas%2C%20niños,Estados%20Unidos%20a%20México1

Expectativas y retos en la implementación del "sistema de justicia laboral

GILBERTO ALVARADO PALACIOS[1]

RESUMEN: Objetivos Analizar la implementación del sistema de justicia laboral implementado por el Estado de Chiapas, para poder identificar las causas que influyen a que no se garantice el derecho al acceso una pronta y expedita impartición en la materia laboral, señalar cuáles son las principales causas que origina que los Juzgados Especializados en Materia Laboral, no brinde un servicio jurídico pronto y expedito, y por último destacar las expectativas y explicar retos de la implementación que no se ve comprometida toda vez que la gestión del sistema no es suficiente y el acceso a la justicia no se hace realidad. El método utilizado para

Palabras clave: Acceso a la justicia, Implementación reforma, justicia cotidiana, Juzgados Especializados en materia Laboral.

INTRODUCCIÓN

La investigación está enfocada a analizar la reforma laboral la cual se dio el pasado 1 de mayo 2019, en el que se instauraron de los Juzgados Especializados en Materia Laboral, dotando a los mimos de grandes herramientas jurídicas y principios procesales para su correcto y debido funcionamiento. En dicha reforma como una lógica integral centraron los temas para efecto resolver las problemáticas tales como; fomentar el uso de la conciliación como herramienta, analizar a profundidad el sistema federal de distribución

---

1 Estudiante del Programa de Maestría del Instituto de Investigaciones Jurídica. Universidad Autónoma de Chiapas. Email. gilberto.alvarado03@unach.mx

de competencias laborales entre juzgados locales y federales, mecanismos para fortalecer y garantizar la autonomía de los tribunales laborales, implementar un procedimiento prejudicial conciliatorio, en razón a la problemática aludida, se hizo necesario implementar una reforma de gran calado que cumpliera con la satisfacción de los siguientes retos: a) una justicia laboral en manos del poder judicial, independiente del poder ejecutivo, que logre juicios rápidos y ágiles que permitan la tutela judicial efectiva, b) la función conciliatoria a cargo de centros de conciliación especializados debidamente capacitados que, en una etapa prejudicial de asistencia obligatoria para los demandados, con el fin de que logren la amigable composición y eviten la tramitación de juicios, la realidad los procedimientos que encuentra ventilando ante dichos juzgados, tardan en resolverse un promedio aproximado de 1 a 2 años dependiente la complejidad del asunto, lo que nos conlleva a decir que no están dando condiciones que nos permitan concretar el "Estado de derecho" que queremos y que ha sido motivo de la reforma.

METODOLOGÍA

El método utilizado para la elaboración de la presente investigación será el método cualitativo, en el que se analizara los antecedentes y conceptos en el marco teórico, con respecto a los avances significativos que se ha tenido en los derechos laborales procesales; las técnicas a utilizar en la presente investigación, siguientes: análisis documental de contenidos doctrinario, análisis del contexto, entrevistas, informes y reporte oficiales, Jurisprudencias, libros especializados en la Materia, instrumentos internaciones, el cual servirá como base para el estudio y análisis para el problema de investigación, con respecto la implementación de la reforma laboral e impartición de justicia en el Estado de Chiapas, como "muestra", y como categorías principales el presente estudio de investigación, tiene como "universo" la reforma laboral del año 2019, y como "elemento" propiamente el Poder judicial del Estado de Chiapas, con el fin de poder establecer las expectativas y retos en la implementación del "Sistema de Justicia Laboral en el Estado.

DESARROLLO

El problema es que pesar de la pasada reforma a la Ley Federal del Trabajo, publicada 1 de mayo 2019, se crean los Juzgados Especializados en Materia Laboral, consolidando una autonomía y eficacia de la impartición de justicia, teniendo muchas expectativas entre una de las principales es lograr el equilibrio entre el sector obrero y capital, se dotó a dichos juzgados de grandes herramientas jurídicas y principios procesales para su correcto y debido funcionamiento, se establecieron plazos en cada etapa procesal, logrando establecer en la ley en plazo 6 meses en resolverse los procedimientos, al día de hoy el problema es; que no se tienen los resultados esperados, esto debido en la realidad los procedimientos que encuentra ventilando ante dichos juzgados, tardan en resolverse un promedio aproximado de 1 a 2 años dependiente la complejidad del asunto, lo que nos conlleva a decir que no están dando condiciones que nos permitan concretar el "Estado de derecho" que queremos y que ha sido motivo de la reforma.

La implementación de la reforma en materia laboral en el Estado de Chiapas, se llevó mediante acuerdo general número 18/2020, del Consejo de la Judicatura del Poder Judicial del Estado de Chiapas, se conformó una jurisdicción territorial por el que se crean y ponen en funciones los Juzgados Especializados en Materia Laboral, región uno, con residencia en Tuxtla Gutiérrez, la cual tiene jurisdicción y competencia en los Distritos Judiciales de 17 municipios del Estado y región dos, con residencia en Tapachula de Córdoba y Ordoñez, Chiapas, la cual tiene Jurisdicción y competencia en los Distritos Judiciales de 4 municipios.

Al existir amplia competencia en el territorio con respecto a los 124 municipios que conforma el Estado, genera una carga de trabajo desorbitante que trae como consecuencia que exista un rezago de trabajo y por lo consiguiente no se da cumplimiento a lo establecido por el artículo 17 Constitucional, este derecho también se encuentra previsto en el artículo 8o., apartado 1o., de la Convención Americana sobre Derechos Humanos y en el numeral 14, apartado

1o., del Pacto Internacional de Derechos Civiles y Políticos. De lo dispuesto en los preceptos antes referidos, se advierte que el derecho de acceso a la justicia no sólo implica la posibilidad de que los gobernados puedan acudir ante tribunales imparciales e independientes solicitando impartición de justicia, sino que además, conlleva la obligación que tiene el Estado de asegurar el buen funcionamiento de los mismos, a efecto de que en los plazos y términos que establecen las leyes y cumpliendo con las formalidades esenciales del procedimiento, Ahora bien, con relación a la obligación que con motivo de ese derecho se impone al Estado, nuestro más alto tribunal del país como lo es Suprema Corte de Justicia de la Nación, ha derivado (4) principios que contribuyen a dar efectividad a la posibilidad de que el gobernado acuda a los tribunales solicitando que éstos impartan justicia; esos principios son los siguientes: *Principio de justicia pronta, completa, imparcial, gratuita.*

Como bien se ha señalado se dotó a dichos Juzgados de grandes herramientas jurídicas y principios procesales para su correcto y debido funcionamiento tales principios como; inmediación, gratuidad, celeridad, continuidad, oralidad, concentración, veracidad publicidad, economía y sencillez procesal, principio de realidad.

En la Convención Americana sobre Derechos Humanos (CADH). El artículo 25 de Convención dispone que toda persona tiene derecho a un recurso sencillo y rápido o a cualquier otro recurso efectivo ante los jueces o tribunales competentes, que le permita protegerse contra actos que violen sus derechos fundamentales reconocidos en la constitución, la ley o la presente convención, obligación que también se encuentra en el Pacto Internacional de Derechos Culturales, Civiles y Políticos. El artículo segundo del Pacto, inciso 3o.

Para abordaje del tema se ha conceptualizado el concepto de "justicia cotidiana" el cual sirve como directrices y que tiene como principal fin el "acceso a la justicia" el derecho de acceso a la justicia encuentra su fundamento en el artículo 17 constitucional.

La justicia cotidiana se refiere así a las instituciones, procedimientos e instrumentos orientados a dar solución a los conflictos que genera la convivencia diaria en una sociedad democrática. Caso concreto la "la justicia laboral", que trata las relaciones de trabajo de las personas con sus empleadores, sean estos particulares u organismos públicos, pero también un sector de la justicia administrativa, cuando resuelve los desacuerdos directos de los ciudadanos con alguna autoridad.

CONCLUSIÓN

Una de las Causas o fuentes que influyen a que no garantice el derecho al acceso una pronta impartición de justicia en la materia laboral es que la partes no utilicen la verdaderamente la conciliación como un mecanismo eficiente para la solución de problemas de las relaciones labores, para tales efectos es necesario fomentar el uso de la conciliación como herramienta.

Dentro de dicha investigación arrojo que una de la principal causa que origina que los Juzgados Especializados en Materia laboral, no brinde un servicio jurídico pronto y expedito, es que no fue acompañado de una implementación adecuada en que atendiera la realidad social que vive el Estado, con los recursos insuficientes y la capacitación de los operadores no ha sido la necesaria, razón por la cual en una fase temprana de la implementación esta no se ve comprometida, toda vez que la gestión del sistema no es suficiente y el acceso a la justicia no se hace realidad, por lo tanto, no se logra la expectativa principal como es el equilibrio entre el sector capital y la mano de obra.

No se analizó profundidad el sistema local de distribución de competencias laborales entre Juzgados Especializados.

Bibliografía

Arturo alcalde, A. R. (2019). Ley Federal del Trabajo, Reforma 2019 Comentada (Vol. I). Ciudad de México: Porrúa.

Consejo de la Judicatura del Poder Judicial del Estado de Chiapas. (17 de noviembre de 2020). https://www.poderjudicialchiapas.gob.mx/archivos/manager/A09DFF6D-A20F-4FD4-A1E6-2CCA47A78C03.pdf. Recuperado el 6 de 2020 de 12, de https://www.poderjudicialchiapas.gob.mx

Diálogos por la Justicia Cotidiana-diagnósticos conjuntos y soluciones 2015, centro de investigación y docencia económicas (CIDE) y el instituto de investigaciones jurídicas de la UNAM https://www.gob.mx/cms/uploads/attachment/file/79028/Di_logos_Justicia_Cotidiana.pdf

LEY FEDERAL DEL TRABAJO. (1 de mayo de 2019). Principios Generales. Diario Oficial de la Federación, pág. 2.

Periódico Oficial del Estado de Chiapas. (27 de enero de 1974). https://web.congresochiapas.gob.mx/trabajo-legislativo/legislacion-vigente. Recuperado el 18 de enero de 2021, de https://web.congresochiapas.gob.mx

Olga Sala nueva, Manuela González, los pobres y el acceso a la justicia, Editorial de la Universidad de la plata, México 2021.

Convención Americana sobre Derechos Humanos.

Pacto Internacional de Derechos Civiles y Políticos.

2015. «El acceso a Tutela Judicial Efectiva Laboral» en Revista Latinoamericana de Derecho Social, núm. 21, julio a diciembre (Instituto de Investigaciones Jurídica [IIJ], Universidad Nacional Autónoma de México [UNAM], México).

ONU, (s.f.): «Paz, justicia e instituciones sólidas: por qué es importante» en Objetivo 16, Paz, Justicia e Instituciones Sólidas.<https://www.un.org/sustainabledevelopment/es/wpcontent/uploads/sites/3/2017/01/Goal_16_Spanish.pdf>

"¿regresión Laboral?", la jornada, 4 de marzo del 2017, disponible en https://www.jornada.com.mx/2017/03/04/opinion/014a2pol.

Tesis: 2a. CV/2007, Semanario Judicial de la federación y su Gaceta, Novena Época, Tomo XXVI, agosto de 2007, página 635, Registro digital: 171789.

Consultable en: https://sjf2.scjn.gob.mx/detalle/tesis

Tesis: 2a./J. 192/2007, Semanario Judicial de la Federación y su Gaceta, Novena Época, Tomo XXVI, octubre de 2007, página 209, Registro digital: 171257.

Consultable: https://sjf2.scjn.gob.mx/detalle/tesis

Vargas, A. P. (2021). Derecho del Trabajo, Incorporada la Reforma del 2021 (Vol. I). Ciudad de México: Porrúa.

Los usos y costumbres como sistema electoral de los pueblos indígenas

JULIO CÉSAR ALFARO RUIZ

RESUMEN: El trabajo examina desde el pluralismo jurídico integrado a la Constitución Política de los Estados Unidos Mexicanos, se logra el pleno ejercicio del derecho de los pueblos indígenas a organizarse políticamente a través de usos y costumbres como derecho electoral. Para realizar esta investigación se utiliza el método mixto, pero preferiblemente será cualitativo. Para abordar el tema se realizará un análisis contextual y documental como técnicas de investigación para abordar el tema. La línea de investigación nos permite estudiar la visión más sociológica y formal del derecho, utilizando nuevas corrientes que permitan deconstruir el derecho actual. Asimismo, busca encontrar la legislación internacional como principal fuente de reconocimiento de la autodeterminación de los pueblos indígenas.

Palabras claves: Deconstrucción; Derecho; Pluralismo.

INTRODUCCIÓN

Tras la insurrección armada en municipios de Chiapas a cargo del Ejercito Zapatista de Liberación Nacional (EZLN) en el año 1994, en la que se demandaban al gobierno en turno democracia, libertad, justicia y mejoras para los pueblos indígenas que habían sido olvidados históricamente, provocaron cambios políticos, sociales, económicos y jurídicos importantes en nuestro país. A través de los acuerdos de San Andrés se buscaba impulsar unas series de reformas legislativas que permitieran el reconocimiento a la libre determinación de los pueblos originarios, derecho que surge a través de diversas disposiciones organismos internacionales, que buscan la protección e integración de las poblaciones indígenas que le permita el desarrollo económico, social, político. Por lo que con la entrada en vigor del Convenio No. 169 sobre Pueblos Indígenas y Tribales en Países Independientes en nuestro país y el movimiento del EZLN influyeron para que se reformara al artículo 2° de la Constitución Política de los Estados Unidos Mexicanos, que reconoce a nuestro país con una composición pluricultural, sustentada en sus pueblos originarios, reconociendo como derechos fundamentales, la libre determinación y autonomía para decidir la forma interna de convivencia, organización social, económica y política de los pueblos indígenas.

La libre determinación de los pueblos indígenas permite que los usos y costumbres constituyan el derecho electoral interno para la elección de sus autoridades, pero dicho ejercicio pleno ha estado supeditado a la judicialización del derecho para que en ejercicio de su autonomía decidir la forma interna de convivencia, organización social, económica y política de la comunidad. El caso de Oxchuc es el hito más importante en materia de reconocimiento de derechos indígenas en nuestro estado, convirtiéndose en el municipio que ha organizado elecciones y elegido a sus autoridades a través de los usos y costumbres.

La línea de investigación pretende abordar la implementación del pluralismo jurídico dentro del constitucionalismo mexicano, como un medio de justicia social para los pueblos originarios en el ejercicio de su derecho a organizarse políticamente de acuerdo a sus usos y costumbres.

METODOLOGÍA

Para la realización de la investigación, se utiliza el método mixto, pero preferentemente será cualitativo.

Para abordar el tema se utilizar las técnicas de investigación, siguientes: análisis documental y de contexto, solicitud de información y entrevista.

DESARROLLO

La publicación de la reforma al artículo 2° de la Constitución Política de los Estados Unidos Mexicanos de fecha 14 de agosto del

2001 en la que se estableció que nuestro país tiene una composición pluricultural, sustentada en sus pueblos originarios y reconociendo los derechos fundamentales a la libre determinación y a la autonomía para decidir la forma interna de convivencia, organización social, económica y política de los pueblos indígenas provocó que se implementara el pluralismo jurídico en nuestro constitucionalismo mexicano.

El pluralismo jurídico es el resultado de la interacción de diferentes sistemas normativos en un mismo territorio, bajo la premisa del respeto a las diferencias. [1] Lo cual produce dos visiones de concebir a nuestro sistema jurídico mexicano, a través de una visión monista y una visión pluralista, siendo una antagonista de la otra; cada visión, la podemos diferencia a que una tiene una visión más sociológica del derecho que la otra. Lo que impulsa el pluralismo es que la ciencia jurídica se sume a la sociología y a la antropología en la reflexión acerca de la coexistencia de culturas en un mismo territorio. Esto genera precisamente esa corriente crítica del Derecho que pone en duda el rol del Estado como único creador de normas. [2] Con llegada de las teorías de descolonización, de la liberación y el postmodernismo surgen con nuevas concepciones que ponen el riesgo el paradigma del derecho como lo conocemos y busca deconstruirlo con un enfoque más moderno y crítico.

El derecho a la libre determinación de los pueblos originarios tiene como fuente originaria los instrumentos internacionales que fueron impulsados por las organizaciones que se crearon durante la Conferencia de las Naciones Unidas en el año 1945, después de las dos guerras mundiales impulsando condiciones de estabilidad y bienestar necesarias para las relaciones pacíficas y amistosas entre las naciones. Por lo que, el 5 de junio de 1957 en Ginebra se decidió adoptar medidas que permitieran crear disposiciones re-

---

1 Ocampo Muñoa, Manuel Gustavo, Pluralismo jurídico y derecho electoral en Chiapas, Ciudad de México, tirant lo blanch, 2021, p. 31

2 Ibidem, p. 32.

lativas a la protección e integración de las poblaciones indígenas; ya que existen poblaciones indígenas que no acceden plenamente a los derechos que la gran mayoría de los ciudadanos disfrutan en un Estado; por lo que es necesario impulsar el beneficio colectivo y no de unos cuantos, bajo esa premisa se crea el Convenio 107 – Convenio sobre la población Indígenas y tribales.[3]

Con la suscripción del Pacto Internacional de Derechos Económicos, Sociales y Culturales hacia el año de 1966, se busca que a través de los principios de libertad, justicia y paz el reconocimiento de la dignidad humana pero también el de mejorar su entorno para disfrutar de sus derechos y alcanzar el ideal propuesto por la Declaración de los Derechos Humanos, y es que se establece en la Parte I artículo 1 todos los pueblos tienen el derecho de libre determinación.

Después de la revisión del Convenio 107, la Organización Internacional de Trabajo crea el Convenio No. 169 sobre Pueblos Indígenas y Tribales en Países Independientes, y es como nace en el ámbito internacional el primer instrumento que reconoce, protege y establece obligaciones de los Estados parte con los pueblos originarios. En el artículo segundo establece que los gobiernos deberán asumir la responsabilidad de desarrollar, con la participación de los pueblos interesados, una acción coordinada y sistemática con miras a proteger los derechos de esos pueblos y a garantizar el respeto de su integridad. En el artículo octavo, 1. Al aplicar la legislación nacional a los pueblos interesados deberán tomarse debidamente en consideración sus costumbres o su derecho consuetudinario. 2. Dichos pueblos deberán tener el derecho de conservar sus costumbres e instituciones propias, siempre que éstas no sean incompatibles con los derechos fundamentales definidos por el sistema jurídico nacional ni con los derechos humanos internacionalmente reconocidos. Siempre que sea necesario,

---

3 C107, Convenio sobre poblaciones indígenas y tribales, Organización Internacional del Trabajo, *https://www.ilo.org/dyn/normlex/es/f?p=NORMLEXPUB:12100:0::NO::P12100_ILO_CODE:C107.*

deberán establecerse procedimientos para solucionar los conflictos que puedan surgir en la aplicación de este principio. [4]

HALLAZGOS

La armonización de la legislación nacional para el cumplimiento del Estado con las disposiciones ha provocado que los pueblos indígenas tengan que acudir a los órganos jurisdiccionales para judicializar el derecho a la libre determinación y la autonomía para decidir sus formas internas de convivencia y organización social, económica, política y cultural.

El Congreso local lejos de impulsar iniciativas a favor de los pueblos originarios han provocado diversos problemas en las comunidades, como en el año 2016, en el que emitieron un decreto que calificó y aprobó la renuncia de Rosa Pérez al cargo de presidente municipal en San Pedro Chenalhó para liberar a diputados locales fueran retenidos en dicho municipio por un conflicto poselectoral, el cual tuvo que se judicializado para que se respetara los derechos políticos electorales de Rosa Pérez, elegida como presidenta municipal.

Tenemos casos como Oxchuc, Huixtán y Sitalá quienes también han llegado a judicializar el ejercicio de la libre determinación, logrando hasta el momento el reconocimiento de organizarse políticamente a través de los usos y costumbres Oxchuc.

Referencias

Convenio 107, Convenio sobre poblaciones indígenas y tribales, Organización Internacional del Trabajo.

Convenio 169, Convenio sobre poblaciones indígenas y tribales, Organización Internacional del Trabajo.

---

4 C169, Convenio sobre Pueblos Indígenas y Tribales, Organización Internacional del Trabajo, *https://www.ilo.org/dyn/normlex/es/f?p=NORMLEXPUB:12100:0::NO::P12100_ILO_CODE:C169.*

Ocampo Muñoa Manuel G. La judicialización del derecho a la libre determinación de los pueblos originarios de México: la elección municipal bajo sistemas normativos internos en Oxchuc, Chiapas, Revista de la Facultad de Derecho y Ciencias Política. 2020. 50. 133.

Ocampo Muñoa Manuel G. Nueva lectura del ejercicio del derecho a la libre autodeterminación indígena en México. Elecciones municipales 2019 en Oxchuc, Chiapas. Política y Gobernanza, Revista de Investigaciones y Análisis Política, 4: 2019.

Ocampo Muñoa Manuel G. Pluralismo jurídico y derecho electoral en Chiapas, México, tirant lo blanch, 2021.

El acceso a la vivienda a partir del trabajo y el salario en Mexico entre el 2010 y 2022

Arturo Alegría de la Rosa

RESUMEN: Este ensayo tiene como objetivo describir las posibilidades reales de acceso a la vivienda desde las variables trabajo y salario en México entre 2010 y 2022 desde la pregunta ¿qué posibilidades reales existen de acceso a la vivienda a partir de las variables trabajo y salario en México entre 2010 y 2022?

Para responder la interrogante se eligió el método descriptivo para obtener los datos del acceso a la vivienda en los trabajadores desde las variables trabajo y salario.

La investigación usa la técnica documental en el análisis de estadísticas de la Encuesta Nacional de Ocupación y Empleo del Instituto Nacional de Estadística y Geografía e Censo de Población y Vivienda del Consejo Nacional de Evaluación de la Política de Desarrollo Social.

Los resultados fueron precarización del trabajo y el salario minimizado por tanto la obtención de la vivienda es mínima con el riesgo de que sea nula la adquisición.

Palabras claves: Salario, trabajo y vivienda.

INTRODUCCIÓN

El acceso al derecho a la vivienda para el trabajador formal en México se hace mediante el salario que se perciba, únicamente de dos formas desde adquirir una vivienda por medio de una institución bancaria desde un crédito tradicional o por el Instituto del Fondo Nacional de la Vivienda para los Trabajadores (INFONAVIT) que será mediante un crédito subsidiado del Estado y de la empresa en que se labora como trabajador, nos enfocaremos en este último.

Desde el 2010 al 2022 hay una precariedad laboral en los trabajos formales y los salarios siendo muy bajos para adquirir una vivienda donde el costo promedio es alto, es decir, no hay una proporcionalidad del salario con el costo de la vivienda.

METODOLOGÍA

La presente investigación tiene como objetivo responder la interrogante ¿Qué posibilidades reales existen de acceso a la vivienda a partir de las variables de trabajo y salario en México entre 2010 y 2022?, en respuesta sostengo que la tasa de acceso a la vivienda es baja.

Para responder mi interrogante y verificar mi hipótesis me apoyo del método descriptivo con el fin de describir los datos de la tasa de acceso a la vivienda en los trabajadores a partir de las variables de trabajo y salario.

La investigación usa la técnica documental consistente en el análisis de estadísticas sobre la Encuesta Nacional de Ocupación y Empleo del Instituto Nacional de Estadística y Geografía (2010–2022) igual del Censo de Población y Vivienda del Consejo Nacional de Evaluación de la Política de Desarrollo Social (2008–2022), de acuerdo con el objeto de estudio de cómo impacta en el acceso a la vivienda para el trabajador.

DESARROLLO

En este apartado se hace una descripción total con las variables en conjunto que se han mencionado, pero agregaremos una variable independiente que será la edad, que en promedio es la edad de 30 años ideal al momento de adquirir una vivienda en México[1].

---

1 Art. 4º., Constitución Política de los Estados Unidos Mexicanos, disponible en: https://www.diputados.gob.mx/LeyesBiblio/pdf/CPEUM.pdf. (fecha de consulta: 06 de Julio del 2023) En relación al derecho a la vivienda.

En el 2010 el trabajo formal era 21.1 millones de trabajadores de los cuales cada individuo ganaba $5.35 mil mensuales[2], es decir que el trabajador destinaba $910 pesos mensualmente de su salario que al año será $10,920 mil para pagar el crédito de la vivienda equivalente $330.3 mil en promedio tardando 31 años en terminar de pagar el crédito en promedio, donde solamente de los 21.1 millones de trabajadores que había, únicamente 4.75 mil trabajadores equivalente al 0.02% total de trabajadores accedían a la vivienda y terminaban de pagarla, empezando el trabajador de 30 años como promedio terminaría el crédito en pagar a la edad de 61 años.

En el 2022 el trabajo formal era 27.2 millones de trabajadores de los cuales de cada trabajador ganaba $6.74 mil[3] notable aumento en comparación del 2010, el trabajador destinaba $1,145 pesos mensualmente del salario que percibe que al año $13,740 mil para pagar el crédito de la vivienda asciende $415.8 mil en promedio, habiendo un incremento en el salario y en el crédito de la vivienda en comparación del 2010, por lo que tardaría 30 años en terminar de pagar en promedio, solamente 27.2 millones solamente 397 equivalente 0.001% de los trabajadores que acceden y terminaban de pagar, empezando un trabajador de 30 años terminaba de pagar el crédito a la edad de 60 años.

Se demostró que una persona termina de pagar en 30 años cuando la edad que establecimos del trabajador era de 30 años, como resultado la edad que terminan de pagar el crédito será de 60 años que es inimaginable, se escogió esta edad porque estadísticamente se tiene más puntos INFONAVIT y tienes más posibilidades de adquirir una vivienda en México[4].

---

2 Art. 82°., Ley Federal del trabajo, disponible en: https://www.diputados.gob.mx/LeyesBiblio/pdf/LFT.pdf, (fecha de consulta: 07 de Julio del 2023) En relación a los salarios mínimos.

3 Op cit.

4 Art. 3°., Ley del Instituto Nacional del Fondo Nacional de la Vivienda para los Trabajadores, disponible en: https://www.diputados.gob.mx/

El acceder a la vivienda en México del 2010 y 2022 es bajo, en conclusión, se puede acceder, pero es difícil por los factores que se han analizado el trabajo, el salario, la vivienda igual la edad[5].

CONCLUSIONES

Las posibilidades reales de acceso a la vivienda a partir de las variables trabajo y salario en México entre 2010 y 2022 son bajas. Cada variable evidencia las dificultades, por tanto, el trabajo formal es bajo, igualmente el salario es bajo si lo comparamos al precio de la vivienda promedio[6] y agregando el puntaje del INFONAVIT es difícil por los trámites para acceder al crédito de esta institución[7]. Por tanto, los casos hipotéticos muestran que el tiempo se han deteriorado las condiciones del trabajador para el acceso al derecho a la vivienda.

La precarización del trabajo y del salario está impactando en la obtención de la vivienda con el riesgo de que vuelva nula su disposición para la mayoría y un privilegio para pocos[8].

LeyesBiblio/pdf/LIFNVT.pdf. (fecha de consulta: 06 de Julio del 2023)

5 Miranda, Adrián y Maldonado, Samantha, ''Análisis del derecho humano a la vivienda en México: en aras de un nuevo paradigma", *Revista Misión Jurídica,* México, nueva serie, 2021, núm. 20, enero-agosto del 2021, pp. 120–144, https://www.revistamisionjuridica.com/wp-content/uploads/2021/06/07-20-Analisis-del-derecho-humano-a-la-vivienda-en-Mexico-en-aras-de-un-nuevo-paradigma.pdf. (fecha de consulta: 06 de Julio del 2023)

6 Moreno, Juan *et al.*, ''El Salario Mínimo en México", *Revista Economía UNAM,* México, serie onceava, 2014, núm. 33, julio-diciembre del 2014, pp. 1–16, https://www.scielo.org.mx/pdf/eunam/v11n33/v11n33a4.pdf, (fecha de consulta: 09 de Julio del 2023)

7 Richter, Jacqueline, ''El trabajo en el derecho del trabajo", *Revista Latinoamericana de Derecho Social,* México, nueva serie, 2013, núm. 16, enero-julio del 2013, pp. 1–37, https://www.scielo.org.mx/pdf/rlds/n16/1870-4670-rlds-16-179.pdf. (fecha de consulta: 07 de Julio del 2023)

8 Art. 2º., Ley de la Vivienda, disponible en: https://www.diputados.gob.mx/LeyesBiblio/pdf/LViv_140519.pdf. (fecha de consulta: 06 de Julio del 2023) En relación al concepto de vivienda.

Referencias

Congreso de la Unión, Constitución Política de los Estados Unidos Mexicanos, disponible en: https://www.diputados.gob.mx/LeyesBiblio/pdf/CPEUM.pdf. (fecha de consulta: 06 de Julio del 2023)

—, Ley Federal del Trabajo, disponible en: https://www.diputados.gob.mx/LeyesBiblio/pdf/LFT.pdf, (fecha de consulta: 07 de Julio del 2023)

—, Ley de la Vivienda, disponible en: https://www.diputados.gob.mx/LeyesBiblio/pdf/LViv_140519.pdf. (fecha de consulta: 06 de Julio del 2023)

—, Ley del Instituto Nacional del Fondo Nacional de la Vivienda para los Trabajadores, disponible en: https://www.diputados.gob.mx/LeyesBiblio/pdf/LIFNVT.pdf. (fecha de consulta: 06 de Julio del 2023)

MIRANDA, Adrián y MALDONADO, Samantha, ''Análisis del derecho humano a la vivienda en México: en aras de un nuevo paradigma", Revista Misión Jurídica, México, nueva serie, 2021, núm. 20, enero-agosto del 2021, https://www.revistamisionjuridica.com/wp-content/uploads/2021/06/07-20-Analisis-del-derecho-humano-a-la-vivienda-en-Mexico-en-aras-de-un-nuevo-paradigma.pdf. (fecha de consulta: 06 de Julio del 2023)

MORENO, Juan et al., ''El Salario Mínimo en México", Revista Economía UNAM, México, serie onceava, 2014, núm. 33, julio-diciembre del 2014, https://www.scielo.org.mx/pdf/eunam/v11n33/v11n33a4.pdf, (fecha de consulta: 09 de Julio del 2023)

RICHTER, Jacqueline, ''El trabajo en el derecho del trabajo", Revista Latinoamericana de Derecho Social, México, nueva serie, 2013, núm. 16, enero-julio del 2013, https://www.scielo.org.mx/pdf/rlds/n16/1870-4670-rlds-16-179.pdf. (fecha de consulta: 07 de Julio del 2023)

Retos y alcances del desconocimiento de la paternidad en chiapas y sus implicaciones conforme al nuevo Código Nacional de Procedimientos Civiles y Familiares

José Eduardo Pérez Román

RESUMEN: Con la entrada en vigor del nuevo Código Nacional de Procedimientos Civiles y Familiares para México el 04 de junio de 2027, Chiapas esta por afrontar uno de los mayores retos en materia procesal familiar, como en este trabajo se presenta, el Desconocimiento de la Paternidad, debido a que es un tema aun nuevo para los abogados, catedráticos y sociedad en general, estos nos lleva a interrogarnos, los retos que tendrá en los juzgados familiares y sus alcances a futuro, en la materia civil-familiar en Chiapas, realizando entrevistas a funcionarios de los Juzgados Civiles, material Estadístico por el Poder Judicial del Estado de Chiapas y la Diversidad de Jurisprudencia que abarca el presente tema, haciendo que exista una variabilidad de juicios especiales con respecto a la Filiación, es necesario hacer un estudio, análisis y desarrollo del Juicio de Desconocimiento de Paternidad para Chiapas del cual se encuentran vestigios implícitos en nuestro Código Civil de Nuestro Estado de Chiapas.

Palabras clave: Filiación, Paternidad, Menor de Edad, Desconocimiento de la Paternidad, Fraude de Paternidad

INTRODUCCIÓN

Iniciamos, conociendo que respecto de los juicios de desconocimiento de paternidad, han sido un tema muy relevante en la legislación civil de la Ciudad de México, la situación a plantear es que debido a que, en algunas situaciones de separaciones o divorcios, ha sido del conocimiento del cónyuge o concubino, que los hijos que ha reconocido ante el Registro Civil, biológicamente, no son sus hijos, pues, tiene un padre biológicamente distinto, cayendo en lo que en algunos otros países como Estados Unidos o Costa Rica tratan penalmente, en un Fraude de Paternidad hecho por la madre, por ende, si tal situación en Ciudad de México y en otros países, ha prosperado de esa manera, Chiapas no puede quedar aislado de esta situación planteada, las falsas paternidades o fraudes paternales que existen dentro de los matrimonios en México, son una realidad que ha promovido la creación de instrumentos necesarios para combatir dichas irregularidades, tal es el caso de LOS JUICIOS DE DESCONOCIMIENTO DE PATERNIDAD[1].

Por ello libres de prejuicios, debemos proveer para Chiapas la herramienta que sirva como instrumento para los casos particulares en los que se tramitarán los Juicios de Desconocimiento de Paternidad, así como también los desafíos y su desarrollo en los procesos familiares ante los juzgados civiles de San Cristóbal de las Casas y su aplicación jurisdiccional, conforme la entrada en vigor el próximo 4 de junio de 2027 del Nuevo Nacional Código de Procedimientos Civiles y Familiares.

Pues, conforme esta investigación, hemos encontrado que en diversos Códigos Civiles en México, existe el Juicio de Desconocimiento de Paternidad, tanto para Ciudad de México, Jalisco, Puebla Querétaro y Estado de México, entre otras entidades federativas, que está vigente el Desconocimiento de Paternidad; Ahora en esta investigación, haciendo un análisis del Código Civil de Chiapas, Si se encuentra de manera general y habla no de manera específica sobre el Juicio de Desconocimiento de Paternidad para Chiapas, además de que, en pláticas con un funcionario de los Juzgados Civiles, es imposible que se pueda realizar un juicio de desconocimiento de paternidad, Pues en el análisis de los artículos 321.°, 322° y 323.° del Código Civil de Chiapas, los requisitos

---

1 Amparo Directo en Revisión 1321/2013, Primera Sala de la Corte De Justicia de la Nación, Reseñas Argumentativas, Alcances del Derecho a La Identidad En Los Juicios de Desconocimiento de Paternidad a La Luz del Interés Superior del Menor. Novena Época. 2013.

para un desconocimiento de paternidad son de perspectiva cerrada, en cuanto a desconocer hijos, reconocidos ante el Registro Civil de todo Chiapas y de trámite del juicio de manera general se encuentra en los artículos 325.° y 326.° del mismo código civil.

METODOLOGÍA

La metodología a utilizar en la presente investigación consiste en un estudio comparativo de los diversos Códigos Civiles de las distintas Entidades Federativas, así se utiliza la metodología cuantitativa y cualitativa para considerar la jurisprudencia más apegada a la realidad, considerando el interés superior del menor en la presente investigación; tenemos además en el desarrollo de esta investigación, entrevistas a funcionarios judiciales, para tratar de comprender mejor el punto de vista y su criterio para desarrollar el Desconocimiento de Paternidad al caso concreto[2].

DESARROLLO

La presente investigación recae en que con la entrada en vigor del Nuevo Código Nacional de Procedimientos Civiles y Familiares para 2027, se habla de los Juicios Especiales Familiares, en el caso concreto, tenemos al Desconocimiento de la Paternidad y que al entrar en vigor el mencionado código nacional, nos percatamos que de manera comparativa con otros Códigos Civiles como el de Ciudad de México o Estado de México, hablan del Desconocimiento de la Paternidad; Pero, para Chiapas no hay aún, un interés suficiente por querer hacer un Desarrollo Adecuado de estos Juicios Especiales, en su aplicación procesal; Pues con la Entrada en Vigor del Nuevo Código Nacional de Procedimientos Civiles y Familiares, es necesario adecuar y reformar artículos del Nuestro Código Civil, así como también añadir nuevos requisitos, si

---

2 MARTÍNEZ PICHARDO, José, "Lineamientos para la investigación Jurídica", 5.ª Edición, Editorial Porrúa, México, 1999.

buscamos mejorar el desarrollo de la familia y proteger el interés superior del menor[3].

El citado juicio especial, que aún no es considerado un tema importante en la Justicia Familiar en Chiapas, requiere de un estudio sobre el Desconocimiento de Paternidad, los beneficios y afectaciones que este ha tenido, así como también, propuestas para su mejora pues, la Justicia y la Seguridad Jurídica, que son los medios que se buscan desarrollar en esta presente investigación, podemos decir que el Interés Superior del Menor, la Paternidad, la Presunción de la Paternidad y el Fraude de Paternidad, nos lleva a ver los retos y los alcances que tendrá este juicio en nuestro la Justicia Familiar de Chiapas y en especial los Juzgados Civiles de San Cristóbal de las Casas.

La tramitación del desconocimiento de paternidad, viene en circunstancias fácticas como un posible fraude para su registro: podemos decir que, el reconocimiento de los hijos, proviniendo por un posible abuso de confianza hacia quien se le impone el reconocimiento de la paternidad de un hijo que no tiene el mismo tipo sanguíneo; Por lo tanto, puede estarse dentro de un fraude en el consentimiento de quien reconoce a dicho menor como hijo biológico suyo, un fraude paternal y nos llevaría a promover el Juicio de Desconocimiento de Paternidad, pues además estamos en presencia de una Usurpación de Persona al ostentar la paternidad de un hijo que biológicamente no le pertenece[4].

Con este instrumento, podemos decir también que en los artículos 325.° y 326.° del Código Civil de Chiapas, no son específi-

---

3 3a. Amparo directo 4018/73. Moisés Rincón Vázquez. 11 de agosto de 1975. Unanimidad de 4 votos. Ponente: J. Ramón Palacios Vargas. Secretario: José Rojas Aja. Instancia: Tercera Sala. Fuente: Semanario Judicial de la Federación, Séptima Epoca. Volumen 80 Cuarta Parte. Pág. 29.

4 CAMERO RAMÍREZ, C. F. (2022). Las presunciones legales a las pruebas biológicas para la atribución de la paternidad y maternidad. JUS Revista Jurídica, 1(7), 5–24. Recuperado a partir de https://revistas.uas.edu.mx/index.php/JUS/article/view/270.

cos en mencionarse como un apartado especial para realizar el Desconocimiento de la Paternidad, pero que establece pautas y momentos especiales para realizar dicha acción, pero que aún no es muy clara ni específica para desvirtuar la paternidad como lo establece el Código Civil de la Ciudad de México;

Es importante que el desarrollar las herramientas necesarias para dar a conocer a la sociedad y al ámbito jurídico en nuestro estado, sobre los nuevos derechos y obligaciones en el ámbito jurídico-familiar, por ende, la presente investigación deberá demostrar esta necesidad que mencionamos y los alcances que tendrá a futuro con la implementación del Código Nacional de Procedimientos Civiles y Familiares para el año 2027

CONCLUSIONES

Las conclusiones y los objetivos que llegamos a encontrar en la presente investigación, nos llevan a preocuparnos por el interés superior del menor y que debido a que podemos caer en controversia, podemos decir que la propuesta en esta investigación es que, para evitar dañar el Interés Superior del Menor, así como su identidad, nombre y los lazos familiares cuando se está en el caso concreto del Juicio de Desconocimiento de Paternidad, es que previamente al Reconocer un Hijo por parte del padre ante el Registro Civil es que sea necesario el requisito fundamental de una prueba de paternidad entre el padre y el hijo previo a dicho Registro ante el Oficial del Registro Civil, pues con esto se reduciría la incertidumbre al momento de reconocer hijos por cualquier situación que se presente.

Bibliografía

CAMERO RAMÍREZ, C. F. (2022). Las presunciones legales a las pruebas biológicas para la atribución de la paternidad y maternidad. JUS Revista Jurídica, 1(7), 5–24. Recuperado a partir de https://revistas.uas.edu.mx/index.php/JUS/article/view/270.

HEINZ DIETERICH, Steffan, "Nueva guía de la investigación científica", 9.ª Edición, Editorial Planeta mexicana, S. A. De C. V., México, 2000.

MARTÍNEZ PICHARDO, José, "Lineamientos para la investigación Jurídica", 5.ª Edición, Editorial Porrúa, México, 1999.

MARTÍNEZ RAMOS, Imari; (2019); El Fraude de Paternidad y La Acción de Daños y Perjuicios; 88 Rev. Jur. UPR 448.

Suprema Corte de Justicia, Amparo directo 4018/73. Moisés Rincón Vázquez. 11 de agosto de 1975. Unanimidad de 4 votos. Ponente: J. Ramón Palacios Vargas. Secretario: José Rojas Aja. Instancia: Tercera Sala. Fuente: Semanario Judicial de la Federación, Séptima Epoca. Volumen 80 Cuarta Parte. Pág. 29.

—, Amparo Directo en Revisión 1321/2013, Primera Sala de la Corte De Justicia de la Nación, Reseñas Argumentativas, Alcances del Derecho a La Identidad En Los Juicios de Desconocimiento de Paternidad a La Luz del Interés Superior del Menor. Novena Época. 2013.

—, Tesis aislada 1a. XXIV/2014, Décima Época, Gaceta del Semanario Judicial de la Federación, Libro 3, Tomo I, febrero de 2014, Página 649, Registro 2005450.

—, Tesis aislada 1a. XXV/2014, Décima Época, Gaceta del Semanario Judicial de la Federación, Libro 3, Tomo I, febrero de 2014, Página 650, Registro 2005451.

—, Tesis aislada 1a. XXVI/2014, Décima Época, Gaceta del Semanario Judicial de la Federación, Libro 3, Tomo I, febrero de 2014, Página 651, Registro 2005452.

Evolución de la prevención y combate del delito de lavado de dinero

Jimena Alcántara Navarrete[1]

RESUMEN: La presente investigación tiene por objeto, identificar el origen del delito de lavado de dinero, examinar la evolución de su tipificación y combate en la legislación internacional y nacional, y analizar la eficacia de la restricción del uso de efectivo como una medida para combatir dicho delito ya que constituye un factor clave para la colocación de recursos de procedencia ilícita en el sistema bancario, puesto que dota de liquidez a las organizaciones criminales.

Palabras clave: lavado de dinero, sistema bancario, restricción al uso de efectivo

INTRODUCCIÓN

El lavado de dinero, representa una amenaza global que impacta en la seguridad pública y en la economía de las naciones, ya que se trata de recursos que provienen de actividades ilícitas como: trata de personas, tráfico de armas, narcotráfico, secuestro, extorsión, corrupción, etc.; que pueden ser destinados al terrorismo entre otras acciones y que han permeado a los mercados financieros y comerciales.

OBJETIVO

Identificar los antecedentes del delito de lavado de dinero, su *modus operandi*, y su evolución jurídica tanto a nivel internacional

---

1 Profesora de Asignatura en la Universidad Autónoma de Chiapas, Doctorante en Derecho por el Instituto de Investigaciones Jurídicas de la Universidad Autónoma de Chiapas, Maestra en Derecho Fiscal y Administrativo por el Centro de Estudios Jurídicos Universitarios, Licenciada en Derecho por la Universidad Nacional Autónoma de México.

como nacional, para analizar las medidas que son aplicadas actualmente para su prevención y combate.

METODOLOGÍA

El presente trabajo de investigación, consiste en una revisión dogmática y doctrinal, de carácter normativo, en el que se realiza un análisis crítico.

DESARROLLO

El concepto de "*lavado de dinero*" o "*blanqueo de capitales*", surge en la década de 1920, durante la prohibición de la venta de alcohol en Estados Unidos de América[2], mismo que no se encontraba tipificado y fue hasta 1970 con el "Acta del Secreto Bancario" emitida por el gobierno norteamericano, que se estableció la primera medida para prevenir el lavado de dinero, imponiendo la obligación a las instituciones financieras de establecer controles para las operaciones en efectivo.[3]

En 1986 el Departamento del Tesoro norteamericano, emitió el Acta de Control de Lavado de Dinero, en la que se tipificó el lavado de dinero como un delito federal y lo puso de relieve en la comunidad internacional.

Actualmente, existen diversos instrumentos internacionales que abordan la prevención y combate del delito de blanqueo de capitales como:

---

2 International Bar Association, "Anti Money Laundering Forum, 2022", London, 2022. Consultado el 14 de septiembre de 2022 en: https://www.anti-moneylaundering.org/money_laundering.aspx

3 U.S., Treasury, Financial Crimes Enforcement Network, "Bank Secrecy Act", United States of America, 1970. Consultado el 14 de septiembre de 2022 en: https://www.fincen.gov/resources/statutes-and-regulations/bank-secrecy-act#:~:text=The%20Currency%20and%20Foreign%20Transactions,detect%20and%20prevent%20money%20laundering

- La Declaración de Basilea, cuyo objeto es la prevención y combate de la utilización del sistema bancario para dar la apariencia de licitud a los recursos de procedencia ilícita, a través de la implementación de medidas preventivas, y la colaboración con las autoridades, estableciendo como eje rector la identificación de clientes. [4]
- La Convención de Viena de 1988, cuyas aportaciones consisten en la prevención, tipificación y sanción de los delitos relativos al tráfico de drogas, así como el reconocimiento del blanqueo de recursos obtenidos de dichas actividades.
- Las 40 recomendaciones del Grupo de Acción Financiera Internacional impusieron la obligación a los Estados de tipificar el delito de lavado de dinero como un delito autónomo, e incorporar regulaciones dirigidas al decomiso e incautación de bienes producto de dichas actividades.[5]

En la revisión de las 40 recomendaciones de 1996, se modificó el delito precedente del lavado de activos: "Los delitos determinantes se pueden describir mediante referencia a todos los delitos o a un umbral ligado, ya sea a una categoría de delitos graves o a la sanción de privación de libertad aplicable al delito determinante

---

4 CBSS, *Declaración de Principios*, Banco de Pagos Internacionales, Suiza, 1988. Consultado el 08 de febrero de 2023 en: http://www.cicad.oas.org/lavado_activos/esp/documentos/basilea.htm#dos

5 GAFI, The Forty Recommendations of the Financial Action Task Force on Money Laundering, 1990, France, 1990. Consultado el 08 de marzo de 2023 en: https://www.bing.com/ck/a?!&&p=5121c7387590b72cJmltdHM9MTY3ODIzMzYwMCZpZ3VpZD0wMTg0NDFlNS0zMzRmLTY0ODYtMjUxMy01MDY5Mzc0ZjYyZmYmaW5zaWQ9NTE2Mw&ptn=3&hsh=3&fclid=018441e5-334f-6486-2513-5069374f62ff&psq=40+recomendaciones+gafi+1990&u=a1aHR0cHM6Ly93d3cuZmF0Zi1nYWZpLm9yZy9jb250ZW50L2RhbS9mYXRmL2RvY3VtZW50cy9yZWNvbW1lbmRhdGlvbnMvcGRmcy9GQVRGJTIwUmVjb21tZW5kYXRpb25zJTIwMTk5MC5wZGY&ntb=1

(enfoque de umbral) o a una lista de delitos determinantes o a una combinación de estos enfoques".[6]

RESULTADOS

La restricción del uso de efectivo, es una medida que el Estado mexicano ha implementado exclusivamente para las denominadas actividades vulnerables, que se encuentran previstas en el artículo 17 de la Ley Federal para la Prevención e Identificación de Operaciones con Recursos de Procedencia Ilícita, y en los depósitos en efectivo, regulados en la Regla 3.5.13, de la Resolución Miscelánea Fiscal para 2021, donde se instaura el cobro de impuestos para los depósitos en efectivo a partir de 15 mil pesos.

Cabe destacar que el GAFI, señaló en la evaluación mutua del año 2018, el riesgo alto al que está expuesto México relativo a las operaciones con recursos de procedencia ilícita por el uso significativo de efectivo en su economía.[7]

La consultoría Integralia, ha documentado el aumento del flujo de efectivo durante los periodos electorales en nuestro país[8], asimismo, la Unidad de Inteligencia Financiera, ha considerado la eliminación de los billetes de alta denominación.[9],

---

6 GAFI, Recomendación 3, Delito de lavado de activos, París, 2012. Consultado el 12 de marzo de 2023 en: https://www.cfatf-gafic.org/es/documentos/gafi40-recomendaciones/409-fatf-recomendacion-3-delito-de-lavado-de-activos

7 Grupo de Acción Financiera Internacional, *Medidas anti lavado y contra la financiación del terrorismo, México,* Informe de Evaluación Mutua, Enero 2018. Consultado el 30 de septiembre de 2022, en: *https://www.fatf-gafi.org/media/fatf/documents/reports/mer4/IEM-Mexico-2018-Spanish.pdf*

8 INTEGRALIA CONSULTORES, *Aumenta uso de dinero en efectivo en periodos electorales,* Boletín de prensa 023, junio de 2016. Consultado el 30 de septiembre de 2022. Disponible en: *https://integralia.com.mx/web/wp-content/uploads/2019/08/Aumenta-Efectivo-en-Elecciones-Integralia-junio-2016.pdf*

9 CASO Diego, *¿Adiós a los billetes de 500 pesos? Inteligencia Financiera estudia eliminarlos para combatir el lavado de dinero,* El financiero, agosto 2020.

CONCLUSIONES

El Instituto Global Financial Integrity, estimó que en México se blanquean entre 18,000 millones de dólares a 44,000 millones de dólares al año,[10] dichos capitales son incorporados a todos los sectores del mercado, la economía y el sistema financiero, por ello la restricción del uso efectivo aunado al fortalecimiento del sistema nacional de pagos a través de la banca electrónica, es una estrategia efectiva para combatir el lavado de dinero.

Referencias

ARÁNGUEZ SÁNCHEZ, Carlos, El delito de Blanqueo de Capitales, España, Marcial Pons, 2000, 437 páginas.

BLANCO CORDERO, Isidoro, FABIÁN CAPARRÓS, Eduardo, PRADO SALDARRIAGA, Víctor, y ZARAGOZA AGUADA, Javier, Combate al Lavado de Activos desde el Sistema Judicial. Departamento contra la Delincuencia Organizada Transnacional de la Organización de los Estados Americanos, Departamento contra la Delincuencia Organizada Transnacional de la Secretaría de Seguridad Multidimensional de la Organización de los Estados Americanos, Estados Unidos de América, 2006. Consultado el 14 de septiembre de 2022 en: https://www.oas.org/es/ssm/ddot/publicaciones/LIBRO%20OEA%20LAVADO%20ACTIVOS%202018_4%20DIGITAL.pdf

CASO Diego, ¿Adiós a los billetes de 500 pesos? Inteligencia Financiera estudia eliminarlos para combatir el lavado de dinero, El financiero, Agosto 2020. Consultado el 30 de septiembre de 2022. Disponible en: https://www.elfinanciero.com.mx/nacional/adios-a-los-billetes-de-500-inteligencia-financiera-estudia-eliminarlos-para-combatir-lavado-de-dinero/

Consultado el 30 de septiembre de 2022. Disponible en: *https://www.elfinanciero.com.mx/nacional/adios-a-los-billetes-de-500-inteligencia-financiera-estudia-eliminarlos-para-combatir-lavado-de-dinero/*

[10] GFI, Financial Crime in Latin America and the Caribbean. Understanding Country Challenges and Designing Effective Technical Responses, October 2021. Consultado el 30 de septiembre de 2022. Disponible en: *https://secureservercdn.net/166.62.106.54/34n.8bd.myftpupload.com/wp-content/uploads/2021/10/GFI-LAC-Financial-Crime-Report.pdf*

CBSS, Declaración de Principios, Banco de Pagos Internacionales, Suiza, 1988. Consultado el 08 de febrero de 2023 en: http://www.cicad.oas.org/lavado_activos/esp/documentos/basilea.htm#dos

CONGRESO DE LA UNIÓN, Ley Federal para la Prevención e Identificación de Operaciones con Recursos de Procedencia Ilícita.

GAFI, Recomendación 3, Delito de lavado de activos, París, 2012. Consultado el 12 de marzo de 2023 en: https://www.cfatf-gafic.org/es/documentos/gafi40-recomendaciones/409-fatf-recomendacion-3-delito-de-lavado-de-activos

GAFI, The Forty Recommendations of the Financial Action Task Force on Money Laundering, 1990, France, 1990. Consultado el 08 de marzo de 2023 en: https://www.bing.com/ck/a?!&&p=5121c7387590b72cJmltdHM9MTY3ODIzMzYwMCZpZ3VpZD0wMTg0NDFlNS0zMzRmLTY0ODYtMjUxMy01MDY5Mzc0ZjYyZmYmaW5zaWQ9NTE2Mw&ptn=3&hsh=3&fclid=018441e5-334f-6486-2513-5069374f62ff&psq=40+recomendaciones+gafi+1990&u=a1aHR0cHM6Ly93d3cuZmF0Zi1nYWZpLm9yZy9jb250ZW50L2RhbS9mYXRmL2RvY3VtZW50cy9yZWNvbW1lbmRhdGlvbnMvcGRmcy9GQVRGJTIwUmVjb21tZW5kYXRpb25zJTIwMTk5MC5wZGY&ntb=1

GFI, Financial Crime in Latin America and the Caribbean. Understanding Country Challenges and Designing Effective Technical Responses, Octubre 2021. Consultado el 30 de septiembre de 2022. Disponible en: https://secureservercdn.net/166.62.106.54/34n.8bd.myftpupload.com/wp-content/uploads/2021/10/GFI-LAC-Financial-Crime-Report.pdf

Grupo de Acción Financiera Internacional, Medidas anti lavado y contra la financiación del terrorismo, México, Informe de Evaluación Mutua, Enero 2018. Consultado el 30 de septiembre de 2022, en: https://www.fatf-gafi.org/media/fatf/documents/reports/mer4/IEM-Mexico-2018-Spanish.pdf

INTEGRALIA CONSULTORES, Aumenta uso de dinero en efectivo en periodos electorales, Boletín de prensa 023, Junio de 2016. Consultado el 30 de septiembre de 2022. Disponible en: https://integralia.com.mx/web/wp-content/uploads/2019/08/Aumenta-Efectivo-en-Elecciones-Integralia-junio-2016.pdf

International Bar Association, "Anti Money Laundering Forum, 2022", London, 2022. Consultado el 14 de septiembre de 2022 en: https://www.anti-moneylaundering.org/money_laundering.aspx

Resolución Miscelánea Fiscal para 2022 y su anexo 19, publicada en Diario Oficial de la Federación (DOF) el 27 de diciembre de 2021. Consultado el 22 de octubre de 2023 en: https://dof.gob.mx/nota_detalle.php?codigo=5639466&fecha=27/12/2021

U.S., Treasury, Financial Crimes Enforcement Network, "Bank Secrecy Act", United States of America, 1970. Consultado el 14 de septiembre de 2022 en: https://www.fincen.gov/resources/statutes-and-regulations/bank-secrecy-act#:~:text=The%20Currency%20and%20Foreign%20Transactions,detect%20and%20prevent%20money%20laundering

Adolescentes víctimas del crimen organizado

NEYFI PÉREZ TRUJILLO[1]

RESUMEN: La problemática de las y los adolescentes víctimas del crimen organizado ha generado la necesidad de desarrollar estudios específicos que aborden las circunstancias de manera diferenciada. En este sentido, el presente texto explora la importancia de adoptar un enfoque diferenciado,[2] para abordar las necesidades y desafíos específicos que enfrentan actualmente los adolescentes afectados por el crimen organizado y, así poder brindar recomendaciones y alternativas para la reincorporación de las y los adolescentes a la sociedad como personas responsables de sus actos.

Palabras claves: Adolescentes, crimen organizado, reinserción social, enfoque diferenciado, víctimas.

INTRODUCCIÓN

A nivel mundial, México se ubica en cuarto lugar con mayor puntuación de criminalidad.[3] La Red por los Derechos de la Infancia (REDIM) en su informe Violencia armada y afectaciones a la niñez y adolescencia del 2022 estimaba que entre 30,000 niñas, niños y adolescentes se encuentran vinculados con el crimen organizado[4].

---

1 Es doctorante del Doctorado en Derecho del Instituto de Investigaciones Jurídicas de la Universidad Autónoma de Chiapas y miembro del Sistema Estatal de Investigadores del Estado de Chiapas.

2 Es importante mencionar que un enfoque diferenciado en justicia para adolescentes busca implementar medidas que tomen en cuenta las circunstancias individuales de las y los adolescentes víctimas del crimen organizado, buscando alternativas de reinserción social en lugar de enfoques que criminalizan a esta población.

3 Noriega, Liza, índice Global del Crimen Organizado, GLOBAL INITIATIVE, 2021, p. 37.

4 Red por los Derechos de la Infancia en México, *Violencia armada contra infancia y adolescencia en México*, México, 2022. Disponible en: https://

Por otra parte, el estudio del 2021 realizado por el Observatorio Nacional Ciudadano de Seguridad, Justicia y Legalidad refiere que en México existen entre 145, 000 y 250, 000 niñas, niños y adolescentes que se encuentran en riesgo de ser reclutados o utilizados por los grupos delictivos.[5] Estas cifras diferenciales nos brindan un vacío estadístico en cuanto a la información emitida sobre esta población.

La lucha contra el crimen organizado hace que el panorama resulte mucho más complejo, pues los recursos con los que cuentan estos grupos favorecen las condiciones para cometer actividades ilícitas. En este sentido, el involucramiento de las y los adolescentes relacionados con el crimen organizado representa un enorme desafío, ya que por un lado esta población viene de lugares marginados, falta de oportunidades, pobreza, presiones, amenazas o engaños para que colaboren con estas organizaciones criminales.[6] En las siguientes páginas se analiza el fenómeno de la violencia y el crimen organizado, así como su reinserción social desde una perspectiva de derechos de la niñez, para reflexionar sobre la labor del Estado y así poder crear alternativas y mecanismos que ayuden a minimizar los índices de la delincuencia juvenil, así como prevenir esta problemática social que afecta y vulnera gravemente los derechos de las niñas, niños y adolescentes.

METODOLOGÍA

El presente texto, se coloca dentro del paradigma hermenéutico[7] y se utilizará el cualitativo. El tema, se enfoca particularmente

---

blog.derechosinfancia.org.mx/2022/02/10/violencia-armada-contra-infancia-y-adolescencia-en-mexico/.

5 Observatorio Nacional Ciudadano, *Reclutamiento y utilización de niñas, niños y adolescentes por grupos delictivos: Acercamientos a un problema complejo*, México, REDIM, 2021. Disponible en: *https://onc.org.mx/public/rednacionaldeobservatorios/public/onc_site/uploads/doc-reclutamiento.pdf*

6 Ídem.

7 “El paradigma hermenéutico es el arte del anuncio, la traducción, la explicación y la interpretación e incluye obviamente el arte de la com-

en las y los adolescentes en conflicto con la ley penal víctimas del crimen organizado y es explorado desde una perspectiva jurídica los derechos de la niñez ante el actuar del crimen organizado, la violencia que han enfrentado, sus condiciones de vulnerabilidad y la respuesta del Estado ante esta población.

DESARROLLO

La violencia generalizada se relaciona con una de las problemáticas más complejas en materia de seguridad pública: la delincuencia organizada,[8] que afecta a la sociedad y en específico a las niñas, niños y adolescentes a quienes se les vulnera una diversidad de derechos por la condición de desarrollo en la que se encuentran. Por otra parte, cuando las y los adolescentes son cooptados por el crimen organizado, se convierten en víctimas; por un lado, son víctimas de las circunstancias que los llevaron a encontrarse dentro de los grupos criminales y, por otro, son explotados por organizaciones criminales que los utilizan para cometer actos delictivos, lo que vulnera trascendentalmente los derechos humanos de esta población.

Al respecto, la Comisión Nacional de Derechos Humanos señaló que las niñas, niños y adolescentes en contextos con el crimen organizado padecen de una vulnerabilidad extrema ya que pueden ser víctimas de abusos y violaciones hacia sus derechos humanos, por lo que advierte que:

> "la incorporación de los niños, las niñas y los adolescentes a estos grupos delictivos tiene dos caras. Por un lado, hace posible que puedan destacar como "líderes" y; por otro, hace que corran el riesgo de quedar atrapados en ese contexto de criminalidad en

---

prensión." Rubio Hernández, Enríquez Herlinda y Hernández Cuevas, Maximiliano, *Consideraciones Epistémico-Metodológicas sobre la Investigación de la Realidad Jurídico-Social*, México, UNACH-IIJ, 2014.

8 REINSERTA, *Niñas, niños y adolescentes reclutados por la delincuencia organizada*, México, 2019, p. 7.

> caso de ser detenidos por los agentes del Estado, encontrarse en una situación de conflicto con la ley y vulnerabilidad lo que hace que sus vidas se encuentren en un constante círculo de violencia"[9]

En este sentido, los adolescentes al encontrarse frente al sistema integral de justicia penal para adolescentes se enfrentan a la falta de mecanismos para su reintegración a la sociedad y las condiciones de internamiento hacen más difícil que estos sean vistos como víctimas. No obstante, los adolescentes víctimas del crimen organizado pueden sufrir una revictimización por parte del Sistema Integral de Justicia Penal para Adolescentes (SIJPA de aquí en adelante) al no contar con los suficientes recursos y programas para su reinserción social.

Ante esta situación, la estigmatización que sufre esta población impide que se les reconozca como víctimas del crimen organizado y por ende que se les involucre en programas correspondientes enfocados a su reinserción social con un enfoque diferenciado que ayude a minimizar la vulnerabilidad que existe en esta población víctima del crimen organizado y que ofrezca alternativas viables y de desarrollo para alejar a esta población del ámbito delictivo.

CONCLUSIONES

Las niñas, niños y adolescentes constituyen un grupo de personas vulnerables frente al reclutamiento por parte de los grupos criminales. Los riesgos que se presentan, posterior al reclutamiento de adolescentes una vez involucrados en actividades criminales, impactan negativamente en el desarrollo de esta población, tales como: impacto en la salud mental del adolescente, represalias, aumento de violencia en el adolescente, limitar su proyecto de vida ante la falta de educación, encontrarse dentro del SIJPA, o hasta

---

9 CNDH, Estudio niñas, niños y adolescentes víctimas del crimen organizado en México, Ciudad de México, CNDH, 2019, p. 51.

perder la vida. El crimen organizado representa una amenaza grave para la seguridad y bienestar de las niñas, niños y adolescentes. Hablar de este tema, requiere de un abordaje con enfoque diferenciado que comprenda las causas subyacentes de este fenómeno y que reconozca a las y los adolescentes en contextos referidos, como víctimas, con el objetivo de proteger a esta población y reinsertarlos a la sociedad de una manera más sana y benéfica.

Es por ello, que el Estado mexicano en su SIJPA debe de prestar especial atención en aquellos casos de adolescentes víctimas del crimen organizado y diseñar e implementar acciones con un enfoque diferenciado que tome en cuenta la situación de vulnerabilidad de estos adolescentes, para así subsanar sus derechos violentados y reinsertarlos a la sociedad de una manera más sana y productiva que permita a esta población alejarse de la delincuencia y reconstruir un mejor futuro para ellos y sus familias.

Bibliografía

CNDH, *Estudio niñas, niños y adolescentes víctimas del crimen organizado en México,* Ciudad de México, CNDH, 2019. Disponible en: *https://www.cndh.org.mx/documento/estudio-ninas-ninos-y-adolescentes-victimas-del-crimen-organizado-en-mexico.*

NORIEGA, LIZA, *índice Global del Crimen Organizado,* GLOBAL INITIATIVE, 2021.

OBSERVATORIO NACIONAL CIUDADANO, *Reclutamiento y utilización de niñas, niños y adolescentes por grupos delictivos: Acercamientos a un problema complejo,* México, REDIM, 2021. Disponible en: *https://onc.org.mx/public/rednacionaldeobservatorios/public/onc_site/uploads/doc-reclutamiento.pdf*

RED POR LOS DERECHOS DE LA INFANCIA EN MÉXICO, *Violencia armada contra infancia y adolescencia en México,* México, 2022. Disponible en: *https://blog.derechosinfancia.org.mx/2022/02/10/violencia-armada-contra-infancia-y-adolescencia-en-mexico/.*

REINSERTA, *Niñas, niños y adolescentes reclutados por la delincuencia organizada,* México, 2019.

RUBIO HERNÁNDEZ, ENRÍQUEZ HERLINDA Y HERNÁNDEZ CUEVAS, MAXIMILIANO, *Consideraciones Epistémico-Metodológicas sobre la Investigación de la Realidad Jurídico-Social,* México, UNACH-IIJ, 2014.

Diagnósticos municipales de corrupción y la fórmula Klitgaard

Juan Pablo Ramírez Peña[1]

RESUMEN: La corrupción es un fenómeno que rebasa las capacidades de los municipios y como consecuencia obstaculiza el cumplimiento de sus funciones y la tutela de los derechos humanos a la que están obligados. Por ello se propone una Guía basada en la teoría de Robert Kiltgaard para elaborar diagnósticos municipales de corrupción como una herramienta técnica que les ayude a identificar los riesgos de corrupción en sus estructuras y realizar las acciones necesarias para prevenir sus efectos.

Palabras clave: Corrupción, diagnóstico, municipio, gestión de riesgos de corrupción.

INTRODUCCIÓN

La entrada en vigor de la Convención antisoborno de la Organización para la Cooperación y el Desarrollo Económico, la Convención de la Organización de los Estados Americanos y la Convención de las Naciones Unidas contra la Corrupción; detonaron una evolución normativa de la que México y Chiapas no quedaron exentos, creándose en 2015 el Sistema Nacional Anticorrupción (SNA) y en 2016 el Sistema Anticorrupción del Estado de Chiapas (SAECH) como órganos encargados del diseño e implementación de las políticas Nacional (PNA) y Estatal Anticorrupción (PEA).

Los esfuerzos estatales han merecido el reconocimiento del Sistema Nacional, no obstante, subsiste una percepción de inefectividad práctica de las normas anticorrupción en el ámbito mu-

---

1 * Es doctorante del Doctorado en Derecho del Instituto de Investigaciones Jurídicas de la Universidad Autónoma de Chiapas, Maestro en Derecho Constitucional y Amparo.

nicipal, entidades constitucionalmente encargadas del desarrollo socioeconómico de la población y de la prestación de los servicios públicos más básicos para el bienestar ciudadano.

En los informes anuales del SAECH y en los de gestión municipal, hay pocas referencias a acciones municipales anticorrupción y en contraste, existen múltiples evidencias de su fragilidad estructural para enfrentar la corrupción, obligación que se ha centralizado en los Órganos Internos de Control (OIT) y las unidades de transparencia (UT) que carecen de independencia frente a los presidentes municipales y otras instancias. Tampoco cuentan con recursos presupuestales y técnicos para diseñar estrategias de prevención y detección de la corrupción y en consecuencia no tienen información sobre su grado de corrupción y cómo erradicarla.

Esto resulta en su imposibilidad para prestar "... *servicios públicos a través de estructuras eficientes para satisfacer las necesidades de las y los ciudadanos...*" como ordena el artículo 115 constitucional; disminuye su capacidad de garantizar los derechos humanos a una adecuada administración pública y al libre desarrollo de la personalidad y, por su interdependencia, el resto de los derechos humanos. Incumplen, además, su obligación de "...*crear y mantener condiciones estructurales y normativas que permitan el adecuado funcionamiento del Estado en su conjunto, y la actuación ética y responsable de cada servidor público*"[2] que contempla la Ley del SNA.

En consecuencia, existe una narrativa institucional que contrasta con la percepción pública y que ubica a Chiapas como una de las entidades más corruptas en relación con las funciones a cargo de sus municipios.[3] No obstante, consideramos que el problema deriva de la carencia de un diagnóstico adecuado que dimensione el

---

2 *Artículo 5, párrafo 2°, Ley General del Sistema Nacional Anticorrupcion,* [LGSNA], Reformada, Diario Oficial de la Federación [DOF], 20 de mayo 2021 (México).

3 Chiapas es la entidad con mayor percepción de corrupción (69%) de acuerdo a la Encuesta contra la corrupción en el sector privado 2022, MCCI-COPARMEX, 2022.

grado de corrupción que enfrentan e identifique en sus estructuras las áreas vulnerables a dicho fenómeno con el objeto de intervenirlas, siendo ésta problemática que guía la presente propuesta.

Se pretende abordar el fenómeno a partir de la Teoría de la Corrupción Estructural y Sistémica planteada por el estadounidense Robert Klitgaard,[4] quien plantea el combate a la corrupción desde el interior de las instituciones requiriéndose, como punto de partida, un diagnóstico que identifique los puntos débiles en la estructura municipal centrándose principalmente en los intereses e integridad de los agentes[5] que participan en los procesos susceptibles de corrupción, La fórmula de Klitgaard se expresa como:

$$C = Mp + D - T$$

Donde la Corrupción **(C)** es resultado de un deficiente control de las variables:

- **Monopolio del poder (Mp):** facultades que por ley son exclusivas del municipio como *agente principal (AP)* y por tanto no son susceptibles de modificarse.
- **Discrecionalidad (D):** capacidad de agencia delegada por el AP al *agente secundario (AS)* para tomar decisiones que producirán un efecto determinado.

---

4 Robert Klitgaard, politólogo es considerado uno de los personajes más destacados en estudios anticorrupción. Es profesor universitario en Claremont Graduate University. Ha impartido cátedras en Yale y en la Escuela de Gobierno John F. Kennedy de Harvard. Es asesor especialista en materia anticorrupción y ha implementado su modelo en ciudades de Brasil, Corea del Sur, Nigeria, Uganda, Colombia, Ecuador, Paraguay, Chile, Serbia, Bangladesh y Nicaragua, por mencionar algunos.

5 La teoría de la agencia es una teoría con bases filosóficas, sociológicas y económicas en donde una persona física o moral (agente principal) faculta o delega a otra persona (agente secundario) realizar determinadas acciones en su nombre, otorgándole la facultad de "agencia", entendida ésta como una capacidad de tomar decisiones y actuar con la intención de producir un efecto.

- **Transparencia (T):** la publicidad que deben contemplar las actividades y procesos de los agentes al desarrollar sus actividades y que garantiza el ejercicio de los derechos a la transparencia y al acceso a la información.

Entre las virtudes de la fórmula Klitgaard esta su compatibilidad con otras herramientas como los programas de cumplimiento normativo (*compliance programms*) y la utilidad del diagnóstico para diseñar políticas, programas y servicios procurando la máxima transparencia y la mínima discrecionalidad de los agentes posibilitando integrar nuevos instrumentos como el objetivo 16 de la agenda ONU 2030, el capítulo 27 anticorrupción del TMEC y la ISO-37001 antisoborno .

METODOLOGÍA

La elaboración de la guía comprende el diseño de indicadores, análisis de información disponible, encuestas y cuestionarios a funcionarios y ciudadanos, y de manera relevante la disposición de las autoridades municipales para elaborar un diagnóstico con al menos 4 ejes ampliables:

a) Eje Transparencia: referente a las obligaciones de transparencia y operación de la Unidad de Transparencia.

b) Eje Control: referente a las funciones del Órgano Interno de Control de acuerdo a sus facultades de investigación y sanción.

c) Eje Eficacia: referente al cumplimiento de procedimientos de acuerdo a los lineamientos establecidos. Es un indicador general de discrecionalidad de los agentes y requiere de un catálogo de servicios y procesos municipales.

d) Eje Gestión de autoridades municipales: referente a las funciones de las autoridades municipales integrantes del Ayuntamiento (presidentes Municipales, Síndicos, Regidores) y su apego a las leyes que regulan su actividad.

Esta investigación se ubica en el paradigma de la complejidad[6] y se acudirá al método mixto, preponderantemente cualitativo. Para los análisis de la información se utilizarán las técnicas siguientes:

- Análisis documental físico y digital de fuentes públicas, de organismos de la sociedad civil y de archivos privados.
- Solicitudes de información pública.
- Análisis descriptivo de los datos y la información obtenida.
- Análisis normativo.
- Cuestionarios.
- Entrevistas.

DESARROLLO

En América, los análisis señalan la época colonial como un punto de partida de la corrupción como una consecuencia de los abusos de los servidores de la corona española que pretendían hacerse ilícitamente de las riquezas del nuevo mundo, lo que propició las figuras de los juicios de residencia, visita y pesquisa aplicados para fiscalizar, restituir y sancionar a los infractores, incluyendo a jueces y escribanos que beneficiaban nobiliariamente a quienes no lo merecían. Ello propició una evolución normativa para regular su actuación: se les aumentó la retribución por sus funciones, se

---

6 El paradigma de la complejidad o aproximación desde la complejidad se entiende como el análisis de una pluralidad de instancias en donde todas son relevantes y analizadas por separado no son suficientes para comprender el fondo del objeto de estudio. La suma de éstos análisis ayudarán a explicar y comprender el fenómeno y sus componentes. Gonzáles P. L., *La investigación de los fenómenos jurídicos, 20 lecciones para inciarse en la investigación y para elaborar el protocolo de investigación para tesis de pre y posgrado en derecho,* Universidad Autónoma de Tlaxcala y Editorial UBIJUS, México, 2019. P. 54.

determinó su movilidad periódica para ejercer, se prohibieron los nombramientos a las servidumbres de los jueces, etc., estableciéndose también los procedimientos para hacer efectivas las denuncias, dando nacimiento a algunos de los mecanismos de control que se retomaron y que hoy día existen en sus versiones actuales.

En este contexto colonial, ya se entendía la corrupción como actos en los que agentes públicos o privados encontraban beneficios personales contra de los intereses públicos que eran los de la corona imperial. Los estudios históricos registran, en común, el aumento de denuncias por los abusos de los representantes de la corona como Virreyes, oidores y gobernadores en conflicto con los oficiales de la real hacienda en los puntos más importantes del Nuevo Mundo a partir del siglo XVI y hasta el siglo XVIII. En esa época los naturales del Reino de Granada, las Islas Filipinas y los distintos cabildos de las Indias (Potosí, Loja, Puebla y Lima), "indianos" ya incorporados a la corona, realizaron constantes denuncias y exigencias sobre su derecho a ocupar los cargos de los abusadores españoles que el Rey escuchó y atendió protegiendo los derechos de los criollos.[7]

En el caso de lo que hoy es nuestro país, en 1697 fue de gran relevancia la denuncia del virrey de Nueva España José Sarmiento de Valladares, contra su Correo Mayor Pedro Ximénez de los Cobos por malversación de las cuentas de operación de la gestión del correo. La acusación no prosperó pero fue el caso más relevante entre la oficialidad española contra los auxiliares criollos de la corona.[8]

Posteriormente, durante la etapa independentista de América en el siglo XIX, la noción de corrupción fue relacionándose a una

---

7 Dubet A. *La moralidad de los mentirosos: por un estudio comprensivo de la corrupción. En Mérito, venalidad y corrupción en España y América: siglos XVII y XVIII,* Albatros. Valencia, 2016.

8 Bertrand M., *Grandeza y miseria del oficio: Los oficiales de la Real Hacienda de la Nueva España, siglos XVII y XVIII,* Historia Centro de estudios mexicanos y centroamericanos, Mexico:, 2013.

serie de malas prácticas que fueron toleradas por las nuevas naciones y que evolucionaron durante el siglo XX a conveniencia de los regímenes políticos de centro y Suramérica, derivando en lo que hoy denominamos como "normalización" de la corrupción y que presenta como características históricas una tendencia a la sobre-regulación penal y administrativa que, más que una aspiración de respeto a la ley, se ha constituido como instrumento de represión contra los adversarios políticos de gobernantes en turno.[9]

En cuanto a la actual lucha anticorrupción, los antecedentes se encuentran en el Acta *Anti-racketeering (acta antisoborno)* promulgada en 1934 y su enmienda de 1946, mejor conocida como "Acta Hobbs"; ambos del gobierno de los Estados Unidos de América que son los primeros intentos de un gobierno por perseguir y sancionar actos de corrupción (por lo general extorsión y soborno a funcionarios públicos) que patrocinaban grupos de poder fáctico como pandillas, gremios sindicales y facciones políticas, para impulsar el comercio ilegal, afectando así al comercio legal tanto nacional como extranjero. A estos actos se les agregaba la calificación de "conspiración" si los actos eran realizados por más de una persona para lograr ese cometido[10]; un precedente de lo que hoy día se denomina delincuencia organizada.

Después, durante los años 70, la administración de Richard Nixon como Presidente de los Estados Unidos de América se vio envuelta en una crisis institucional conocida como el escándalo *Watergate*[11] en que se develó que el equipo presidencial había uti-

---

9 Dedieu Jean P. *Procesos y redes: la historia de las instituciones administrativas de la época moderna, hoy.* en Pons M. *La pluma, la mitra y la espada: estudios de historia institucional en la Edad Moderna,* Madrid:, 2000.

10 Doyle, Charles. *Robbery, Extortion, and Bribery in One Place: A Legal Overview of the Hobbs Act (Robo, Extorsión y Soborno en un Solo Lugar: Una perspectiva jurídica del Acta Hobbs)* Washington, DC: Congressional Research Service. Noviembre, 2018. Disponible en https://crsreports.congress.gov/product/pdf/R/R45395

11 El escándalo Watergate comenzó el 17 de junio de 1972 cuando cinco personas fueron detenidas por allanar el edificio del Partido Demócra-

lizado sus recursos para realizar actos de sabotaje, espionaje político, robo, extorsión y desaparición de documentos para facilitar su reelección. Dicho escándalo propició reformas legislativas del Congreso estadounidense sobre financiación de las campañas, la Ley de Libertad de Información, así como para exigir revelaciones financieras de funcionarios gubernamentales clave y particulares. Estos escándalos y las nuevas disposiciones, originaron investigaciones del gobierno de Estados Unidos en las que se descubrieron redes de corrupción que involucraban a empresas y funcionarios extranjeros que vulneraban los mercados internos de Estados Unidos y afectaron gravemente su prestigio internacional poniendo en riesgo su estabilidad comercial y su política exterior.

Lo anterior, provocó la exigencia de las empresas estadounidenses de vigilar a sus contrapartes extranjeros y sancionar con severidad los actos corruptos tanto de estadounidenses como de extranjeros dando origen al Acta de Prácticas Corruptas en el Exterior de 1977, señalado como el primer precedente mundial de dos elementos indispensables para la actual lucha contra la corrupción: la transparencia y el acceso a la información y las políticas antisoborno.

A pesar de los esfuerzos norteamericanos, sus disposiciones no alcanzaban la fuerza normativa de un instrumento internacional y quedaban truncados en su intento por regular extraterritorialmente la actividad comercial de empresas y funcionarios públicos extranjeros. Intentarían lograrlo a través de la Organización de las Naciones Unidas sin más éxito que el de lograr un acuerdo declarativo que no cumplía las expectativas planteadas.

---

ta, conocido como Watergate. La investigación evidenció conexiones entre los ladrones y el Comité para la reelección del presidente Nixon. Se descubrió que los ladrones, ex miembros del FBI y la CIA, habían intentado robar documentos y espiar a los demócratas, evidenciando múltiples abusos de poder por parte del gobierno de Nixon. Lo anterior culminó con la dimisión de Nixon como presidente de los Estados Unidos en agosto de 1974 y el procesamiento de más de 60 exfuncionarios públicos.

Una vez terminada la llamada "Guerra Fría" durante los años 80 y 90, Estados Unidos tendría una nueva oportunidad con una inmejorable posición en el concierto de naciones, que sumada a la violencia desmedida y el aumento de actividades ilícitas derivadas de los vínculos entre grupos de narcotraficantes y actores políticos en Latinoamérica, alertó a los organismos internacionales que por fin prestaron oídos a la iniciativa estadounidense.

En esta ocasión, acudieron a la Organización para la Cooperación y el Desarrollo Económico OCDE, organismo que no se negó a implementar una serie de estrategias legales para minimizar los efectos de la corrupción trasnacional. Se logró entonces conceptualizar el soborno internacional y a partir de ello se materializaron los tres instrumentos internacionales que se consideran documentos centrales de la lucha anticorrupción: la Convención interamericana contra la corrupción de la Organización de los estados americanos (Convención de la OEA) de 1996, la Convención de la organización para la cooperación y el desarrollo económico para combatir el cohecho de funcionarios públicos extranjeros en transacciones comerciales internacionales de 1997 (Convención anticohecho de la OCDE) y la Convención de las naciones unidas contra la corrupción (Convención de Mérida) adoptada en México en 2003; instrumentos que han comprometido a la comunidad internacional y sus agendas públicas con la lucha anticorrupción. [12]

La adopción de los instrumentos anteriores y los correspondientes procesos de armonización legislativa en el derecho nacional a partir del 2015, sentaron las bases para la creación del Sistema Nacional Anticorrupción, proceso que alcanzó a Chiapas en el año 2016, en que se creó el correspondiente Sistema Estatal que sirve de elemento referencial y normativo de la presente investigación.

---

[12] Brioschi C. A. *Breve historia de la corrupción* Ed. Taurus. España, 2010. ISBN: 9788430607907

El acervo documental de conocimientos sobre la lucha anticorrupción es hoy impresionante. Las herramientas tecnológicas ponen al alcance de cualquier persona una amplia cantidad de conocimientos, algunos prolijos y otros no, expresados en datos estadísticos, análisis cualitativos y cuantitativos, reflexiones, propuestas e iniciativas generadas tanto por entidades gubernamentales como por las comunidades científicas y académicas, la sociedad civil, gremios de la información y comunicación, élites de expertos de organismos especializados, etc., que son concebidos lo mismo desde modelos progresistas que desde perspectivas neoliberales; ya a partir de un garantismo excesivo o de la rigidez del positivismo jurídico tradicional que desde el extremo interdisciplinario de la sociología jurídica contemporánea.

En esa diversidad de posturas existen coincidencias que nos ayudan a no quedar atrapados en uno u otro modelo. La primera y más clara es que reconocen, por diferentes que sean, la necesidad de reducir los efectos nocivos de la corrupción en la sociedad y sugerir estrategias de cooperación internacional, regional y nacional que auxilien al diseño de políticas públicas con ese enfoque.

No se trata de una moda internacional, sino de un impulso renovado del derecho internacional de los Derechos Humanos y del posicionamiento de teorías como la del Estado garantista encabezada por Luigi Ferrajoli, que originada en el ámbito penal que ha encontrado terreno fértil en prácticamente todas las disciplinas jurídicas. Los Estados del mundo se han comprometido a la implementación de mecanismos anticorrupción en sus agendas de Buen Gobierno, ampliando el objetivo preponderantemente económico (que se explicó en el apartado anterior) de esa lucha hacia un enfoque que plantea la debida administración pública como un presupuesto para el acceso efectivo a los derechos de igualdad sustantiva, no discriminación, acceso a la justicia y al libre desarrollo de la personalidad que, por su carácter universal e interdependiente, alcanzan a todo el catálogo de derechos humanos.

Estamos también ante una nueva consciencia global que exige a los gobiernos mayor transparencia y garantías de participación ciudadana en los asuntos públicos y, al mismo tiempo, la aplicación de la ley como presupuesto de la convivencia pacífica en un marco de respeto a los derechos fundamentales. Siendo así, se han detonado los mecanismos de denuncia social de los actos considerados más nocivos para el desarrollo de las personas en los que la corrupción ocupa un lugar preponderante.

Entre estos mecanismos, destacan organizaciones como Transparencia Internacional, *Global Witness,* el Programa de las Naciones Unidas para el Desarrollo PNUD, la Oficina de la Naciones Unidas contra las Drogas y el Crimen Organizado, la Fundación Internacional para el Desarrollo de Gobiernos Confiables, que cuentan con misiones y capítulos regionales y nacionales. En el ámbito nacional, se cuentan entre estos organismos Transparencia Mexicana, Mexicanos Unidos Contra la Corrupción, el Observatorio de la Corrupción e Impunidad (OCI-UNAM), el Centro de Investigación y Docencia Económica CIDE, México Evalúa, la Confederación Patronal Mexicana, entre otras. Además, se han creado un Sistema Nacional Anticorrupción y los correspondientes Sistemas Estatales, como órganos encargados de la coordinación institucional contra la corrupción y del diseño e implementación de la Política Nacional Anticorrupción.

Estos organismos especializados auxilian a identificar a través de indicadores los puntos vulnerables en las estructuras de los estados en los que éstos deben intervenir para mantener condiciones mínimas de gobernabilidad y de confianza, no sólo para su gobernanza interior sino para sostener un rango de confiabilidad en su política exterior. Además, elaboran análisis estadísticos y descriptivos en los que cruzan datos oficiales (por ejemplo del Instituto Nacional de Estadística y Geografía INEGI) que resultan en guías metodológicas para la implementación de políticas públicas y estrategias anticorrupción así como guías de lenguaje anticorrupción, glosarios conceptuales, entre otros.

Los indicadores que estos organismos emiten se han convertido en una referencia obligada para el análisis del fenómeno en México, destacando entre ellos el Índice de Percepción de la Corrupción y el Barómetro Global de corrupción y Estado de Derecho, ambos de Transparencia Internacional y algunos instrumentos nacionales como la Encuesta contra la corrupción en el sector privado de Mexicanos Contra La Corrupción y la Confederación Patronal de la República Mexicana (COPARMEX) y por parte del INEGI la Encuesta nacional de calidad e impacto gubernamental (ENCIG) y la Encuesta nacional de sobre victimización y percepción sobre seguridad pública (ENVIPE). Esta nueva tendencia de información intenta promover la coordinación de esfuerzos públicos y de los sectores no gubernamentales en materia anticorrupción, sin embargo las evidencias obtenidas contrastan con la narrativa oficial en cuanto a su compromiso y resultados prácticos.

La Asesora Regional para las Américas de TI, Luciana Torchiaro, ha manifestado que, para América Latina y el Caribe "*la influencia indebida de élites políticas y económicas y la injerencia de los gobiernos en turno en la independencia del Poder Judicial, más la falta de transparencia promueven la impunidad de los corruptos y dificultan la recuperación de activos robados afectando, además, la imparcialidad y el acceso a la justicia.*"[13] Esta opinión, desde nuestro punto de vista, es válida en el contexto mexicano de éste período de gobierno federal y se complementa con los datos siguientes.

En el Índice 2023 de Percepción de la Corrupción (IPC) de Transparencia Internacional (TI) publicado el 30 de enero de 2024, México mantiene desde el año 2020 una calificación de 31 puntos de 100 y se mantiene en la posición 126 de 180 países evaluados. Por su parte, el Barómetro Global de la Corrupción (BGC) arroja que 44% de la población mexicana encuestada opi-

13 En editorial de Transparencia Internacional consultable en https://www.transparency.org/en/news/cpi-2023-americas-lack-independent-judiciary-hinders-fight-against-corruption 30/ene/2024, Transparencia Internacional

na que la corrupción ha aumentado y 34% admite haber pagado un soborno en los últimos 12 meses.

En el caso de Chiapas, en el año 2022 fue la entidad con mayor percepción de corrupción (69%) de acuerdo a la Encuesta contra la corrupción en el sector privado 2022, MCCI-COPARMEX[14] De acuerdo a la Encuesta nacional de calidad e impacto gubernamental 2022 (ENCIG) la mayor frecuencia en causas para incurrir en actos de corrupción la ocupen en tercer lugar los gobiernos municipales en acciones para agilizar trámites, evitar multas y sanciones, pagar menos impuestos, evitar clausuras, obtener licencias o permisos, obtener un servicio, evitar inspecciones.[15] Por su parte, las autoridades que se perciben más corruptas son las policías de tránsito y las policías preventivas municipales de acuerdo a la Encuesta nacional de sobre victimización y percepción sobre seguridad pública ENVIPE 2022.[16]

En los informes anuales del Sistema Anticorrupción del Estado de Chiapas (SAECH) de los años 2020 a 2024 y en los informes de gestión de los municipios de Chiapas, hay pocas referencias a acciones municipales anticorrupción y en contraste, existen múltiples evidencias de su fragilidad estructural para enfrentarla, obligación que se ha centralizado en los Órganos Internos de Control (OIT) y las unidades de transparencia (UT) que carecen de independencia frente a los presidentes municipales y otras instancias. Tampoco cuentan con recursos presupuestales y técnicos

---

14 Encuesta contra la corrupción en el sector privado 2022, consultable en https://contralacorrupcion.mx/wp-content/uploads/2022/07/folleto-.pdf. Para la encuesta 2024 Chiapas dejó ese vergonzoso lugar, pero fue debido al aumento de corrupción en otras entidades y no a una disminución significativa en la entidad.

15 INEGI, Encuesta nacional de calidad e impacto gubernamental ENCIG 2021, consultable en https://www.inegi.org.mx/contenidos/programas/encig/2021/doc/07_chiapas.pdf

16 INEGI, Encuesta nacional de sobre victimización y percepción sobre seguridad pública ENVIPE 2022. Para consulta en: https://www.inegi.org.mx/contenidos/programas/envipe/2023/doc/envipe2023_chis.pdf

para diseñar estrategias de prevención y detección de la corrupción y en consecuencia no tienen información sobre su grado de corrupción y cómo erradicarla.

Esto resulta en su imposibilidad para prestar "... *servicios públicos a través de estructuras eficientes para satisfacer las necesidades de las y los ciudadanos...*" como ordena el artículo 115 constitucional; disminuye su capacidad de garantizar los derechos humanos a una adecuada administración pública y al libre desarrollo de la personalidad y, por su interdependencia, el resto de derechos humanos. Incumplen, además, su obligación de "...*crear y mantener condiciones estructurales y normativas que permitan el adecuado funcionamiento del Estado en su conjunto, y la actuación ética y responsable de cada servidor público*"[17] que contempla la Ley del SNA.

En consecuencia, existe una narrativa institucional que contrasta con la percepción pública y que ubica a Chiapas como una de las entidades más corruptas en relación con las funciones a cargo de sus municipios.[18] No obstante, consideramos que el problema deriva de la carencia de un diagnóstico adecuado que dimensione el grado de corrupción que enfrentan e identifique en sus estructuras las áreas vulnerables a dicho fenómeno con el objeto de intervenirlas, siendo ésta problemática que guía la presente propuesta.

De lo normal a lo sistémico: el paradigma teórico de la corrupción de Robert Klitgaard

Las contribuciones multidisciplinarias e interdisciplinarias han desarmado la visión tradicional de corrupción como un fenóme-

---

17 *Artículo 5, párrafo 2°, Ley General del Sistema Nacional Anticorrupcion*, [LGSNA], Reformada, Diario Oficial de la Federación [DOF], 20 de mayo 2021 (México).

18 Chiapas es la entidad con mayor percepción de corrupción (69%) de acuerdo a la Encuesta contra la corrupción en el sector privado 2022, MCCI-COPARMEX, 2022.

no de causas y efectos limitados a los agentes que participan de un acto corrupto, para dar paso al paradigma de la corrupción estructural, sistémica y piramidal, que altera la marcha normal de las organizaciones —ya sean de carácter público o privado— y cuyos efectos nocivos permean al tejido social en donde tiene lugar. La teoría de la corrupción estructural encuentra en el economista y politólogo estadounidense Robert Klitgaard[19], a su más destacado representante y coincidimos con él cuando postula que:

> *"... hoy es más fácil para nosotros, sensibilizados por denuncias apasionadas y estimaciones econométricas, señalar algunos de los costos (de la corrupción). La corrupción sistémica distorsiona los incentivos, socava las instituciones y redistribuye la riqueza y el poder en forma injusta. Cuando la corrupción compromete el derecho de propiedad, el imperio de la ley y los incentivos a la inversión, el desarrollo económico y político se paraliza. El mismo Huntington reconoce que una sociedad con corrupción generalizada probablemente no obtendrá ningún beneficio de un aumento de la corrupción. Desde que Huntington formuló estas observaciones, en 1968, se ha progresado en la lucha contra la corrupción. Pasamos por una primera etapa, de comprensión del problema y de los daños consiguientes. En muchos países, ha habido un gran cambio de la opinión pública y la lucha contra la corrupción ha adquirido importancia creciente en las campañas electorales. Luego pasamos a una segunda etapa, en que la concienciación se complementa con el análisis de los sistemas. Las reformas de la administración pública van más allá del fortalecimiento de las capacidades y se hace hincapié en la información, los incentivos y la competencia. La investigación va más allá de la percepción de la corrupción a los estudios que tienen por objeto determinar qué aspectos de la administración pública y de los mercados son los más vulnerables frente a la corrupción. Ahora debemos aprender y ha-*

---

19 Robert Klitgaard, politólogo y economista estadounidense, es considerado uno de los personajes más destacados en estudios anticorrupción. Es profesor universitario en Claremont Graduate University. Ha impartido cátedras en Yale y en la Escuela de Gobierno John F. Kennedy de Harvard. Es asesor especialista en materia anticorrupción y ha implementado su modelo en ciudades de Brasil, Corea del Sur, Nigeria, Uganda, Colombia, Ecuador, Paraguay, Chile, Serbia, Bangladesh y Nicaragua, por mencionar algunos.

cer más en una tercera etapa de lucha contra la corrupción. ¿Qué puede hacerse si la concienciación y la prevención han fracasado, si la corrupción se transforma en la norma y si no se puede contar con la voluntad política? ¿Cómo podemos subvertir la corrupción sistémica?"[20]

Los postulados anteriores se presentan como presupuestos que sustentan el marco teórico de este proyecto y permiten afirmar que la construcción de agendas públicas contra la corrupción requieren necesariamente, además del análisis de los factores contextuales señalados anteriormente, de un análisis interseccional que descubra los puntos de contacto entre corrupción y diferentes factores sociales como el género, la etnia, la clase social, entre otros; y, en sentido inverso, el impacto de esos factores como reductores o no de los efectos nocivos de la corrupción. Para ello la "interseccionalidad" se entiende, de acuerdo al criterio del Parlamento de las Américas, como una herramienta analítica que reconoce que las desigualdades sistémicas se configuran a partir de la superposición de dichos factores sociales.

La Teoría de la Corrupción Estructural y Sistémica de Klitgaard, plantea el combate a la corrupción desde el interior de las instituciones requiriéndose, como punto de partida, un diagnóstico que identifique los puntos débiles en la estructura municipal centrándose principalmente en los intereses e integridad de los agentes[21] que participan en los procesos susceptibles de corrupción, La fórmula de Klitgaard se expresa como:

---

20 Klitgaard, R., MacLean-Abaroa R. y Lindsey Parris H. Jr., *Corrupt Cities: A Practical Guide to Cure and Prevention [Ciudades corruptas: guía práctica para su saneamiento y prevención.* ICS Press and World Bank Institute. Oakland, California, Estados Unidos, 2000.

21 La teoría de la agencia es una teoría con bases filosóficas, sociológicas y económicas en donde una persona física o moral (agente principal) faculta o delega a otra persona (agente secundario) realizar determinadas acciones en su nombre, otorgándole la facultad de "agencia", entendida ésta como una capacidad de tomar decisiones y actuar con la intención de producir un efecto.

$$C = Mp + D - T$$

Donde la Corrupción **(C)** es resultado de un deficiente control de las variables:

- **Monopolio del poder (Mp):** facultades que por ley son exclusivas del municipio como *agente principal (AP)* y por tanto no son susceptibles de modificarse.
- **Discrecionalidad (D):** capacidad de agencia delegada por el AP al *agente secundario (AS)* para tomar decisiones que producirán un efecto determinado.
- **Transparencia (T):** la publicidad que deben contemplar las actividades y procesos de los agentes al desarrollar sus actividades y que garantiza el ejercicio de los derechos a la transparencia y al acceso a la información.

Entre las virtudes de la fórmula Klitgaard esta su compatibilidad con otras herramientas como los programas de cumplimiento normativo (*compliance programms*) y la utilidad del diagnóstico para diseñar políticas, programas y servicios procurando la máxima transparencia y la mínima discrecionalidad de los agentes posibilitando integrar, para efectos de éste proyecto de investigación, nuevos instrumentos aplicables a México y Chiapas como el objetivo 16 de la agenda ONU 2030, el capítulo 27 anticorrupción del TMEC y la ISO-37001 antisoborno.

CONCLUSIONES

1. A pesar de los esfuerzos institucionales, existe una percepción de inefectividad práctica de las normas anticorrupción en los municipios de Chiapas.
2. Hay evidencias de la fragilidad de las estructuras municipales y las limitaciones técnicas y de recursos para hacer frente a la corrupción de una manera efectiva.

3. El combate a la corrupción municipal está centralizado en los OIT y las UT, órganos carentes de independencia frente a los presidentes municipales, lo que limita sus funciones en materia de corrupción.
4. Las estructuras municipales frágiles impiden un combate efectivo de la corrupción y provocan una deficiente prestación de servicios públicos, limitan su capacidad de garantizar los derechos humanos a la buena administración pública y al libre desarrollo de la personalidad y con ello la vulneración del resto de los derechos humanos.
5. Se propone una "Guía para elaborar diagnósticos de corrupción municipal" con base en la Fórmula de Robert Klitgaard, como una herramienta probada para dimensionar los niveles de corrupción en estructuras y procesos administrativos municipales.
6. A pesar de que la corrupción en los municipios se manifiesta en situaciones cada vez más graves las propuestas para su combate desde el ámbito municipal son aún poco exploradas por lo cual es pertinente abordar el fenómeno a través de esta investigación.

Bibliografía

Gonzáles P. L., La investigación de los fenómenos jurídicos, 20 lecciones para iniciarse en la investigación y para elaborar el protocolo de investigación para tesis de pre y posgrado en derecho, Universidad Autónoma de Tlaxcala y Editorial UBIJUS, México, 2019.

Klitgaard, R., Maclean-Abaroa R., Lindsey P. Corrupt cities. A practical guide to cure and prevention [Ciudades corruptas. Una guía práctica para su reparación y prevención] Institute for contemporary studies ICS y The world bank institute, Washington, DC, Estados Unidos de América, 2000.

Klitgaard, R. Marco teórico de referencias sobre la corrupción. Análisis de dos casos de países en desarrollo. Instituto de Investigaciones Jurídicas, Repositorio. UNAM (2019) https://archivos.juridicas.unam.mx/www/bjv/libros/3/1271/4.pdf

Klitgaard, R. What do we talk about when we talk about corruption? [¿De qué hablamos cuando hablamos de corrupción?] Working paper series no. LKYSPP 17-17, National University of Singapore. Singapore, 2017.

MCCI-COPARMEX, Encuesta contra la corrupción en el sector privado 2022, consultable en https://contralacorrupcion.mx/wp-content/uploads/2022/07/folleto-.pdf

Ley General del Sistema Nacional Anticorrupcion, [LGSNA], Reformada, Diario Oficial de la Federación [DOF], 20 de mayo 2021 (México).

Modelo para la gestión de riesgos de corrupción, consultable en https://anticorrupcionmx.org/historico/archivo/biblioteca/resumen-ejecutivo-modelo-para-la-gestion-de-riesgos-de-corrupcion.pdf

Javier Sánchez Galán, Teoría de la agencia. Economipedia.com, Julio 2016. https://economipedia.com/definiciones/teoria-la-agencia.html

La percepción de seguridad en la experiencia de movilidad urbana de las mujeres en colonias barrio San roque, Xamaipak y Moctezuma de la ciudad de Tuxtla Gutiérrez, y su relación con el derecho a la ciudad y el espacio público

Mónica Catalina Cisneros Ramos

RESUMEN: La presente investigación pretende producir un análisis sobre la percepción de seguridad en la experiencia de movilidad urbana de las mujeres en colonias Barrio San Roque (zona centro), Xamaipak (sector sur) y Moctezuma (sector sur) de Tuxtla Gutiérrez.

Estas pautas de movilidad urbana se estudiarán a partir de la técnica de estadística descriptiva, mediante categorías de análisis que refieren a la distancia y causas de los desplazamientos, y al uso del transporte público, desplazamiento con menores, adultos mayores o personas con discapacidad, así como su condición laboral, etaria, etc.

Los datos colectados permitirán observar la experiencia de movilidad urbana de las mujeres en dichas colonias de Tuxtla Gutiérrez y su relación con la efectividad del derecho a la ciudad desde la gestión del espacio público, considerando la accesibilidad, así como la percepción de seguridad de la propia integridad física ante la violencia machista.

Palabras clave: seguridad, movilidad, mujeres, ciudad.

INTRODUCCIÓN

En su concepción más amplia, el derecho a la ciudad y el espacio público implica la apropiación, uso y disfrute de los espacios y sus elementos, por cualquier persona que transite por una ciudad o asentamiento humano[1], en condiciones de seguridad, accesibilidad e inclusión, entre otras.

ONU Habitat a través de la Nueva Agenda Urbana, tiene como objetivo enfrentar los desafíos de las ciudades y los asentamientos humanos, mediante asesoramiento técnico, políticas públicas y acciones colaborativas para reducir la desigualdad, la discriminación y la pobreza; y ha expresado que uno de los cuatro componentes del derecho a la ciudad es la igualdad de género, adoptando las medidas necesarias para combatir la discriminación contra las mujeres y niñas en todas sus formas, en los planes de desarrollo de las ciudades y asentamientos humanos[2].

METODOLOGÍA

El tipo de estudio será encuesta, cuyo objetivo será medir la percepción de las mujeres sobre la seguridad en el uso del transporte público y caminatas sin compañía en los alrededores de su vivienda. La cobertura temática versará sobre la percepción sobre seguridad pública.

La cobertura geográfica abarcará las tres colonias con mayor índice de denuncias por actos delictivos en Tuxtla Gutiérrez: Barrio San Roque (zona centro), Xamaipak (sector sur) y Moctezuma (sector sur).

La encuesta está dirigida a la población de mujeres de 18 años cumplidos o más, residentes en viviendas particulares y el procedimiento de muestreo se realizará por conglomerado.

---

1 Tapia, Maricarmen. Derecho a la ciudad y espacio público. Obtenido de https://criticaurbana.com/derecho-a-la-ciudad-y-espacio-publico el 12 de diciembre de 2022.

2 ONU Habitat. Componentes del Derecho a la Ciudad. Obtenido de https://onuhabitat.org.mx/index.php/componentes-del-derecho-a-la-ciudad el 12 de diciembre de 2022.

El procedimiento de colección de datos se realizará mediante una tabla de transferencia por categorías de análisis, variables cualitativas (atributos ordinales) y variables cuantitativas (atributos categóricos)[3], cuya interpretación de resultados se hará a partir de la interacción de las cifras colectadas en cada categoría de análisis, relacionándoles con la efectividad del derecho a la ciudad de acuerdo a los elementos conceptuales que lo integran.

La agenda del ONU Habitat y la movilidad urbana

La urbanización creciente del mundo en la última década permite prospectar una tendencia que indica que para el año 2030 el 60% de la población mundial vivirá en asentamientos humanos urbanos, no rurales, es decir, ciudades[4].

La nueva agenda urbana nace en la Conferencia de las Naciones Unidas sobre Vivienda y Desarrollo Urbano Sostenible (Habitat III) en la ciudad de Quito, Ecuador, en el año 2016, anticipándose a buscar soluciones a las crecientes problemáticas de los entornos urbanos.

Esto es, además, resultado del Acuerdo de París sobre cambio climático, en el sentido de que los países deben adoptar medidas tendientes a la disminución del calentamiento del planeta desde las políticas públicas sobre planeación urbana y desarrollo de las ciudades.

---

3 Un atributo categórico o variable cuantitativa es aquella que puede tomar uno de un número limitado, y por lo general fijo, de posibles valores, y que interactúa en una categoría con una o más variables cualitativas o atributos ordinales. Mientras que un atributo ordinal es una variable que nos permite ordenar una categoría, observarla a través de diversas cualidades, y, por tanto, codificar las distintas categorías con los datos resultantes de una medición.

4 Programa de las Naciones Unidas para el Desarrollo (PNUD). Obtenido de https://www.undp.org/es/blog/nueva-agenda-urbana-en-que-punto-estamos

Por su parte, la movilidad urbana es el conjunto de desplazamientos de personas, bienes y mercancías, a través de diversos modos, orientado a satisfacer las necesidades de las personas[5].

Asimismo, el artículo 32 de la Ley General de Movilidad y Seguridad Vial, a la letra dice:

> *Artículo 32. Movilidad con perspectiva de género. En la planeación y diseño de la movilidad y la seguridad vial, así como en los diferentes componentes de los sistemas de movilidad y en la toma de decisiones, las autoridades competentes deberán fomentar y garantizar la participación de las mujeres, considerando su interseccionalidad, además de:*
>
> I. *Implementar acciones y mecanismos dentro de los sistemas de movilidad y seguridad vial, así como de las autoridades responsables del territorio, para fortalecer la información disponible y los diagnósticos, que promuevan la implementación de acciones afirmativas y con perspectiva de género que mejoren y hagan más segura, incluyente y eficiente la experiencia de la movilidad de las mujeres y de la movilidad de cuidado.*

La medición de la percepción de seguridad

Desde el año 2013 el Instituto Nacional de Estadística y Geografía (INEGI) lleva a cabo la Encuesta Nacional de Seguridad Pública Urbana (ENSU), generando estimaciones sobre la sensación de seguridad que prevalece en las personas que habitan el país.

En el apartado de la ENSU sobre percepción de seguridad, se abordan cuatro elementos:

- Sensación de inseguridad por temor a ser víctima de la delincuencia.
- Expectativa sobre la tendencia del delito.
- Atestiguación de conductas delictivas o antisociales.
- Cambio de rutinas por temor a ser víctima del delito.

---

5 Ley General de Movilidad y Seguridad Vial. Artículo 3º. Fracción XXXII

CONCLUSIONES

Uno de los cuatro componentes del derecho a la ciudad es la igualdad de género, para lo que los gobiernos deben adoptar medidas que observen las diferencias de género, al diseñar, implementar y evaluar políticas públicas, medidas o acciones dirigidas a favorecer la experiencia de movilidad urbana de las mujeres.[6]

Por lo que, la presente investigación pretende conocer cómo se agravia el derecho de las mujeres a causa de su percepción de seguridad mediante un análisis sobre la experiencia de movilidad urbana de las mujeres en colonias Barrio San Roque (zona centro), Xamaipak (sector sur) y Moctezuma (sector sur) de Tuxtla Gutiérrez.

Referencias

Congreso de la Unión, Ley General de Movilidad y Seguridad Vial

Instituto Nacional de Estadística y Geografía. ENCUESTA NACIONAL DE SEGURIDAD PÚBLICA URBANA Tercer trimestre de 2023. Obtenido de https://en.www.inegi.org.mx/contenidos/saladeprensa/boletines/2023/ensu/ensu2023_10.pdf

ONU Habitat. Obtenido de https://onuhabitat.org.mx/index.php/componentes-del-derecho-a-la-ciudad

Programa de las Naciones Unidas para el Desarrollo (PNUD). Nueva Agenda Urbana, ¿en qué punto estamos? Obtenido de https://www.undp.org/es/blog/nueva-agenda-urbana-en-que-punto-estamos

Tapia, Maricarmen. Derecho a la ciudad y espacio público. Obtenido de https://criticaurbana.com/derecho-a-la-ciudad-y-espacio-publico

6 Ley General de Movilidad y Seguridad Vial. Artículo 3° fracción II.